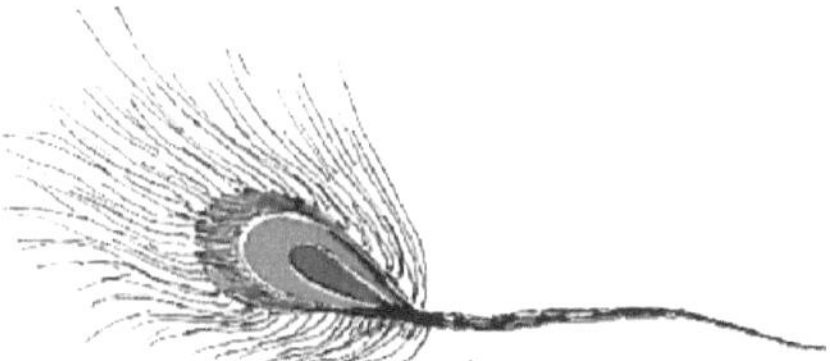

कृष्ण प्रश्न

(श्रीमद् भगवद्गीता के अठारह अध्याय)

विजय रंचन

कृष्ण प्रश्न

(श्रीमद् भगवद्गीता के अठारह अध्याय)

विजय रंचन

Anybook

Published By

Anybook

E-mail : contactanybook@gmail.com

Website : www.anybook.org

Contact : 9971698930

First published by Anybook in 2020

Calligraphy : Jayant Parmar

ISBN : 978-93-86619-64-8

अनुक्रमणिका

प्रवेश

श्रीमद् भगवद्गीता के नाम मात्र से ही प्रत्येक हिन्दू श्रद्धा से नतमस्तक हो जाता है। गीता हमारे स्वाभाव, लोकाचार, जातीय संस्कार और आदर्श वैचाराकि में अंतर्निहित है। कर्म में अनासक्त-भाव, योग्य पुनर्जन्म के लिए कर्म का संचय और अंत में मोक्ष के कर्म बंधन से मुक्ति (कार्य- कारण- कार्य श्रृंखला का सिद्धांत गौण है) हिन्दू चेतना में सर्वोपरि है। वैदिक और उपनिषदीय तात्त्विकी और षड्दर्शन की ज्ञान-मीमाँसा के कारण गीता का स्थान लगभग "श्रुति" के सामान है, परन्तु यह महाकाव्य महाभारत का एक भाग है; इसीलिए यह हिन्दू "इतिहास" में वर्गीकृत किया जा सकता है। गीता में कृष्ण की वाणी ईश्वर की प्रकाट्य वाणी के साथ साथ कृष्ण मानवीय अवतार है - मानव की कमज़ोरियों; जैसे कि क्रोध, इच्छायों, महत्वाकांक्षा के कारण उसकी वाणी अधिक हृदयगामी है और कृष्ण इसी मानव रूप में अधिक प्रिय है। महभारत में कृष्ण, अर्जुन का सखा है। उपनिषद की प्रश्न और संवाद द्वारा ज्ञान- प्रतिपादन की परम्परा को अनुसरते गीता के अठारह अध्याय को प्रश्न और संवाद द्वारा महाभारत के ऐतिहासिक सन्दर्भ में यह पुस्तक भावात्मक उद्गार है। महभारत, योद्धाओं के पराक्रम रथ-वाहकों / सूतपुत्रों द्वारा बयाँ क़िस्से कहानियाँ है जिन्हें ऋषियों ने इसे अपना बना कर ज्ञान, नीति और अध्यात्म का कलेवर दिया है। इसलिए प्रत्येक अध्याय सूतपुत्र संजय को संबोधित है। प्रत्येक अध्याय के तीन भाग हैं – एक गीता के श्लोक, दूसरा, अध्याय का प्रारम्भ कवि सूतपुत्र को संबोधित करता है और तीसरा अर्जुन का कृष्ण को संबोधन है।

इन अठारह अध्याय में महभारत की प्रचलित कहानियों के उपरांत अनेक संदर्भ हैं। कृष्ण द्वारा अर्जुन की संभावनाओं की पहचान जिसे पहली बार उसने द्रौपदी के स्वयम्वर में तलाशा था। कुरुक्षेत्र युद्ध के दसवें दिन अर्जुन की भीष्म से रक्षा और उसके लिए अपने प्रण भूल कर कृष्ण द्वारा रथ के पहिया का हथियार उठाना, अर्जुन का प्रण पूरा करने लिए जयद्रथ वध के लिए सूर्य को सुदर्शन चक्र से ढकना, गाण्डीव के अपमान के कारण अर्जुन - युधिष्ठर युद्ध की सम्भावना में अर्जुन को आत्महत्या से बचाना। पुन: अर्जुन के तीन बाणों से सुधन्वा के वध के प्रण की रक्षा के लिए अपने ही भक्त सुधन्वा का वध। अन्य प्रसंग है गन्धर्व चित्ररथ/चित्रसेन के कारण कृष्ण - अर्जुन युद्ध, जो सुभद्रा के हस्तक्षेप से सुलझ गया था। इन्द्रप्रस्थ नगर बसाने के

लिए कृष्ण संग खाण्डव वन को भस्म करना, सारंग पक्षी का श्राप का ज़िक्र। अर्जुन से जुड़े अन्य सन्दर्भ हैं नागकन्या उलूपी से विवाह, उलूपी की मणि से अर्जुन का पुनः जीवित होना, अर्जुन का उर्वशी का प्रणय निवेदन और अर्जुन का ब्रृहन्नल बनना और चित्रांगदा से प्यार और विवाह। अंत में युधिष्ठर के विषाद पर अर्जुन द्वारा क्षात्रधर्म और राजधर्म का सन्देश।

महाभारत के मूल में आर्य अनार्य में भेद के संदर्भ हैं – राजा वेण की जान्घो के मंथन से अर्जुन(पार्थ) के पूर्वज पृथु का जन्म और निषाद से कुरूकुल की माता सत्यवती का झील के कुहासे में अथर्ववेद विवेचक - ऋषि पराशर द्वारा सम्भोग से कृष्ण द्वैपायन (वेद व्यास) की उत्पत्ति, कृष्ण द्वैपायन द्वारा नियोग से अँधे और रोगी पुत्रों का जन्म; और भीष्म अम्बा, अम्बिका, अम्बालिका अपहरण और अम्बा/शिखण्डी की आड़ में मृत्यु; बदनाम पुरोहित भाई याज और उपयाज द्वारा संपन्न यज्ञ में द्रौपदी का जन्म।

कुछ विचलित करने वाले प्रश्न हैं; जैसे कि, गीता जातिधर्म (क्षात्रधर्म) की व्याख्या में चातुर्वर्ण की पुष्टि। स्त्रीत्व को गौण स्थान प्रदान करना – सांख्य- विवेचन में प्रकृति /माया की अधीनता, माँ से ज्ञान-प्राप्ति के स्थान पर सांख्य दर्शन के प्रणेता कपिल मुनि का अपनी माता देवहूति को ज्ञान देना, गालव ऋषि का अपनी पत्नी ययाती-पुत्री माधवी को तीन बार बेचना और नरकासुर का वध में सत्यभामा की भूमिका को प्राधान्य ना देना। रसप्रद है, कृष्ण की विभूतियों में कोई भी स्त्री पात्र नहीं है।

अन्य प्रश्न है - सांख्य दर्शन प्रतिपादित सात्विक रजस, तमस गुणों की महान्तशाही पदानुक्रमिता पर, परशुराम का २१ बार क्षत्रिय विनाश और स्त्रियों, सरदायिनी का सम्भोग के लिए सार्वजनिक विनंती।

कुछ और सन्दर्भ है महाभारत युद्ध में बर्बरीक की त्रासदी, इरावान का माता अहिलावती की शिक्षा हारे के सहारे बनने की, शिव का ब्रह्मा का पांचवें शिर का छेदन, अपने पिता और कुटुंब की मृत्यु के लिए शकुनि और गान्धारी का प्रतिशोध आदि।

और विशेषतया महाभारत युद्ध रोकने के सबसे बड़े प्रश्न पर कृष्ण की सहदेव को चुनौती और उत्तर।

और अंत में :-

मुझे डर है कृष्ण! तुम एक
साँप्रदायिक धर्म के किन्ही हठधर्मिता को दार्शनिक धरातल प्रदान कर रहे हो
प्रत्येक प्रकार की हठधर्मिता आत्म-घाती है
मनुष्य की अस्मिता को हीन करती है
अस्तित्व पर प्रश्न चिन्ह लगा कर
शस्त्र औचित्य को कर्म और ज्ञान को शास्त्र अनुमोदित धार्मिक अनुष्ठान बना कर।

विषाद योग

संजय तुम तो दिव्य दृष्टि से अनुगृहीत हो
आज बता भी दो क्यों तुम्हारे काल से सभी ग्रसित
श्रापित थे।
तुम तो श्रापित थे एक-एक नायक योद्धा के अंग-अंग कटने पर मृत्यु का
वृतांत सुनाने की राजाज्ञा से बाधित
कितना विद्रूप होगा सब कितना पीड़ादायक
श्रापित थे कुरुक्षेत्रम् के देव यज्ञम्[1] `
बृहन्नल शरीरधारी पार्थ और पशुवत मृत्युभोगी स्वयम् कृष्ण
संजय तुमने कृष्ण को माधव और हृषिकेश संबोधनों से पक्षपात किया है
संभव था तुम्हारे लिए धनंजय को नायक बनाना
उसकी पीड़ा मानवीय थी
तुम अपनी विद्रूप पीड़ा को अध्यात्म का कलेवर चढ़ाने में
मुक्ति ढूंढ रहे थे।
इसीलिए संजय तुमने कुरुक्षेत्र को धर्मक्षेत्र से महिमा मंडित किया
धर्मक्षेत्र जो था सत्ता-हथियाने का सैनिको से भरा खचाखच मैदान
धर्मक्षेत्र जो था प्रतिशोध का बदलापुर क्षेत्र
धर्मक्षेत्र जो था क्षात्र जाति का वर्चस्व स्थापन।
नहीं चाहिए था यह सब अर्जुन को।
अर्जुन उवाच
"हम पाण्डव कौरव राजपुत्र
जिन्होंने ने अपनी पौरुषीय

1. शतपथ ब्राह्मण

स्पर्धायें द्रोण के अखाड़ों में सपाट मैदान पर हिलोलते
दैनिक अभ्यास के वर्ग की ऊब
में ही केवल नहीं
बल्कि हँसते गाजते अरवल्ली के झाड़ झंखाड़ में
मेहराब रचते मूत्रोत्सर्ग के क्षेपन में
जी हैं हँसते खेलते जीवन की तरह
अश्वस्थामा के साथ
सखा कृष्ण यमुना के तुम्हारे ही श्यामरंगी पानी में
हमने नंगे नहाते चुहलबाज़ी की है
भीष्म पितामह ने हमें कन्धों पर बैठा कर राजद्वार पर सजे तोरण तुड़वायें है
उनकी चाँदी दाढ़ी हमारे खींचने पर भी टूटती नहीं थी।
अपने चाचा धृतराष्ट्र की गोद पर चढ़ कर कितनी बार दुर्योदन को चिढ़ाया था।"
"*पितृ नथ पितामहान्*"
"मेरे मत्स्यभेद के साथ मैंने द्रुपद की आँखों में बादलों में कड़कती सौदामिनी देखी थी"
"*व्यूढां द्रुपदपुत्रेण*"
"उन्हें मैं युद्ध में झोंकते नहीं देख सकता"।

संजय तुम तो दिव्य दृष्टि के धारक थे
तुम युद्ध में सबकी मृत्यु से अवगत थे
फिर भी तुम गाण्डीव त्यागते अर्जुन की पीड़ा के सहभागी नहीं बने

अर्जुन पुनश्च

"इन्हें देख अपने सखा देखा प्रियजन देख अपने पितृ अपने गुरूजन देख"

"*आचार्या: पितर: पुत्रास्तथैव च पितामहा: ।*

मातुला: श्वशुरा: पौत्रा: श्याला: सम्बन्धिनस्तथा ॥"

मेरे आँखों में मरुस्थल के रेतकण चुभ रहे हैं और मेरे होंठ सूख गए हैं"

"*सीदन्ति मम गात्राणि मुखं च परिशुष्यति*"

"मैं कभी भी इन पर बाण चला कर संस्कृति का

आजन्मी दोषी नहीं बन सकता।

तुम तो केशव हो अरिसूदन

तुम हो मधुसूदन मुरा वध के मुरारी

पूतना, अघा, तृणवृत, बकासुर आदि आदि

दूसरों को मृत्यु प्रदान करने के अभ्यासी हो

जिसे तुम उद्धार कहते हो

कृष्ण, केशी तो केवल राजाज्ञा पालन कर रहा था

और मधु अपने परिजनों के बसने के लिए नए स्थान

मधु तुम्हारी ही योगनिद्रा की संतान है

तुम्हारे कानों की सुनी सुनाई बातें

जिसके वध से स्वयम् को संबोधित करवाते हो

आज तुम केशव

तुम्हारी बातों पर सुनकर

इस सैनिकों के जमघट में मुझे विश्वास करने को कहते हो

मेरे लिए तो हत्या इसे किसी भी नाम से पुकारो

केवल दुर्भाग्य और बर्बरता है

मेरी समझ से परे है

इस लड़ाई में
किसी भी लड़ाई में
अपने ही परिजनों को मारने से कोई भला कैसे हो सकता है?
तुम्हीं ने तो कहा था
एक वंश के नष्ट होने पर उसकी परंपराएं भी लुप्त हो जाती हैं
और परिवार असंबद्धता अधार्मिकता में लिप्त[2]
इसीलिए देवादेव कृष्ण ! मैं युद्ध नहीं करना चाहता।"
संजय तुमने फिर अपना आगे आँखों देखा हाल बयाँ किया
"गुडाकेशेन भारत" अर्जुन "परयाविष्टो विषीदन्निदम"
गहरे विषाद में पैठ गया
अर्जुन उवाच
"केशव मुझे मेरा जाति धर्म के आन-बान का वास्ता ना दो
धर्म जाति के व्यवसाय से बंध
बहुत संकीर्ण हो जायेगा
कृष्ण ! मेरा विषाद भी तो तुम्हारे ही
रंग का है गहरा नीला नीलकंठ सा
मुझे इसमें गहरे पैठने दो
इसी वैतरणी पार हो जाऊँगा
मुझे तुम्हारे रंग में रहने दो
बहने दो मुझे
मैं अब कुरुक्षेत्र से दूर हूँ
शायद यही धर्मक्षेत्र है
युद्धक्षेत्र से परे तुम हो
योगिराज कृष्ण !"

2. एतान्न हन्तुमिच्छामि घ्नतोऽपि मधुसूदन।
अपि त्रैलोक्यराज्यस्य हेतोः किं नु महीकृते ॥ भ.गीता ३५॥

सांख्य योग

सब कुछ पहचानने वाले संजय
तुम भी जानबूझ कर उसके छलावे में आ गए
सांख्य के धरतीपन से दूर किसी आत्मा के आसमानी दिलासों में उड़ने लगे
कहाँ था उसके आश्वासनों में धड़कता पुरुष
जिसके वीर्य-वर्धन के लिए हमने देवताओं के यज्ञ किये थे बलियाँ चढ़ाईं
और सृष्टि रचने के प्रकृति के उत्सुक हिरण्य पदार्थ।
यह मैं ही था
यह मैं ही जीव था दोनों को जोड़नेवाला
मेरा विश्वास का आधार था यही धरती का यथार्थ
जिस्म के रोम-रोम को भेदता-छेदता।
इसी नैसर्गिक यथार्थ में था सांख्य सत्य
जिसे बुद्धि के जंजाल में
आत्मा के मायाजाल में आसमानी खूँटे पर टंगा दिया था उसने
जिसमें बेमानी झूलते रहे चौबीस भूत, तत्व, ज्ञान-इन्द्रियाँ, कर्म, भाव।
"एषा तेऽभिहिता सांख्ये बुद्धिर्योगे त्विमाँ श्रृणु।"[1]
बड़े सरल थे स्वाभाविक थे अर्जुन के प्रश्न
उतने ही सरल हो सकते थे उत्तर
अचानक पूछ बैठे थे अर्जुन
कौरवों को मारना अथवा उनके हाथों मरना उचित है?
प्रश्न सरल नहीं स्वाभाविक नहीं
उत्तर केवल आडम्बर हो सकता है।
अर्जुनोवाच

1.भगवद्गीता २-३९

"योगिराज तुम्हें ज्ञात था प्रकृति-पुरुष के मिलन से उत्पन्न होगा अहंकार
अहंकार मेरी पहचान है।
अपना विराट स्वरूप दिखाकर मेरी पहचान को नगण्य कर दिया तुमने।
मेरा अस्तित्व छीन लिया तुमने
कृष्ण तुम्हारे अहंकार के सामने तो वैसे ही मैं तुच्छ हूँ
तुम वही हो जिसने हिरण्यकश्यपु की वैकल्पिक व्यवस्था के भुवन के स्तम्भ चूर-चूर कर
व्यवस्था को खंडर किया
सुदर्शनधारी तुमने विरोध के वचनों पर शिशुपाल का सर धड़ से अलग कर दिया था
मैं दास तुम्हारी बात सुनने को बाध्य हूँ
तो सुनाओ।
तुमने तीनों गुणों की क्रमबद्धता ठान ली है
श्वेत सत्व को ब्राह्मण बना दिया स्वेच्छित
प्रतिष्ठित पदानुक्रमता देकर।
मैं तो हूँ प्रकृति का जाया
अपने ही रजस अथवा तमस में प्रसन्न हूँ और सम्पूर्ण हूँ;
मुझे कुछ अन्य बनाने की स्पर्धा नहीं है
मुझे सत्व का वेदपाठी, रजस का योद्धा नहीं बनना है।
तुम्हीं तो कहते हो
मुझे प्रकृति-प्रदत्त स्वभाव जीने दो"
"स्वधर्ममपि चावेक्ष्य न विकम्पितुमर्हसि"[2]

2. भगवद्गीता २-३१

"मैं क्या हूँ तुमने मुझे अपना विराट स्वरूप दिखा कर अकिंचन बना दिया
काश पूछते
(तुम्हें तो केवल निर्देश देना आता है, दैवीय मान्यताओं में किसी से कुछ पूछना तुम्हें सिखाया नहीं गया)
मैं क्या नहीं हूँ
मैं रंग रूप आकार हूँ
धरती के ऊपर अर्द्ध गोलाकार सतरंगी ब्रह्माण्ड बनाये आकाशीय
मुझमें ही था गिरगिटी लचकीलापन
जो किसी भी देवता को नसीब नहीं था
अग्नि अपना धर्म छोड़ कर वरुण
वरुण, अग्नि नहीं बन सकता
और मैं एक साथ अपने आक्रोश की आग से करुणा के बादल बरसा सकता हूँ
अनगिनत संभावनाओं का मैं
उसे तुम क्षात्रधर्म की मर्यादाओं, कर्तव्यों
और अंतिम मृत्यु में बंदी बनाना चाहते हो।
मैं प्रकृति के देन हूँ आनुवंशिक शरीरों की उत्पत्ति
तुम सृष्टि रचनार हो
तो ठीक ही रचा होगा तुमने।"
अर्जुनोवाच पुनश्च
"तुम्हीं ने तो कहा था कृष्ण!
प्रसन्नता का पीछा करना मृगमरीचिका है
कितना सच है
त्रेता में तुम भी तो सोने के मृग के पीछे-पीछे भागे थे
लंका युद्ध का बहाना ढूँढते-ढूँढते

आज तुम युद्ध स्थल पर वही छलावा दे रहे हो
स्वर्ग का
मुझे कोई अमरावती की अप्सरा नहीं चाहिए
इंद्र की उर्वशी की कामलिप्सा और श्राप मैंने भुगता है
वैकुण्ठ की योगनिद्रा से तुम्हें जगाने का ख़तरा
मैं कभी भी मोल नहीं लूँगा।"
पुन: उवाच
"अब तुम सुनो कृष्ण!
मनुष्य प्रसन्नता के लिए नहीं
अपनी उत्तरजीविता का लिए सतत प्रयास-रत है
यही उसकी मुक्ति है
तुम्हारी सृष्टि, कृष्ण! ना होती
यदि प्रजनन का सुख
और अपने बच्चों में अमरत्व पाने की तलाश ना होती
यही तलाश भागवत कृष्ण मोक्ष है
रोज़मर्रा का क्षण-क्षण जीना
युद्ध भूमि में मरने पर स्वर्ग के झाँसे में कृष्ण मैं नहीं आऊँगा
इस धरती पर मनुष्य-जाति का आधार है
उत्तरजीविता और प्रजनन
कोई धर्मो की मृगमारीचिका नहीं।
तुमने स्वयम् कहा था
"*कश्मलमिदं विषमे*" मानता हूँ संकट में भ्रम पनपता है
यह भ्रम तुम्हारी माया से कम कष्टदायक है
मस्तिष्क में घुमते अंधड़ बगूले झूठे आसमानी आश्वासन नहीं देते
मुझे किसी प्रकार का (यदि उसके प्रकार हों)

"*क्लैब्यं*" स्वीकार्य है।
तुम्हारा विराट स्वरूप भय जगाता है
जगाता है एक झुरझुरी
वही भय और वही कंपकपी जो कृष्ण तुम्हारे ही नामधारी द्वैपायन ने
कुरुक्षेत्र युद्धस्थली पर गड़े
कौरवों और पाण्डवों की अक्षौणियों को एक दूसरे के सामने
ख़ून के प्यासे खड़े किया है
सच कहूँ मेरे सखा
तुम्हारा यह विराट स्वरूप जुगुप्सा जगाता है कौतूहल नहीं
ज्ञान का एहसास नहीं
नहीं जानता संजय ने इसे कैसे बर्दाश्त किया होगा
मैं तो बस सुन्न अकर्मण्य निष्क्रिय हूँ
तुम्हारी भाषा में स्थित–प्रज्ञ"।
अर्जुनोवाच पुनः
"विराट दर्शन के बाद कर्मबंधन जातिबंधन से मुक्त"।

कर्म योग

सूतपुत्र संजय
अपना जाति धर्म अपना जाति कर्म भूल कर
तुम राजनायक बन गए
दिव्य-दृष्टि धारक तुम तो सर्वज्ञानी हो जानते हो
राजनायक सत्य के सहारे नहीं, समय-सुविधा पर चलता है
राज्य साम्प्रत सत्ता का सरंक्षण है
सत्य का नहीं।
धर्मच्युत संजय तुम
युद्ध की आँखो-देखी भूल
प्रभु के महिमा मंडन में डूब गए
क्षुद्र मानव की व्यथा उपेक्षित कर।
अर्जुनोवाच
"जनार्दन! अभी तक तुम बुद्धि ज्ञान के खुरदरे जाल बिछाते रहे
तभी अचानक यह कर्म के कंटक कहाँ से आ गया
अपनी निर्देशक वाणी से
तुमने मेरे जिस्म की आर्द्रता को युद्धस्थली की पवन ने सोख लिया है
और इसमें व्याप्त वैमनस्य की अग्नि मुझे जला चुकी है
अभी तक मैं था नैसर्गिक, अनुवान्शाविक प्रकृति का सुमन
मेरा स्वभाव
अपनी इन्द्रियाँ का मुजस्सम प्रानुकूली उद्दीपन
जिसमें मैं सहज हूँ
तुम्हें मैं कोई उलाहना नहीं देता
इसके पार कौन हैं

मैं नहीं जानता जिसे पवन सुखा नहीं सकती और अग्नि जला नहीं सकती
कर्म तो स्वाभाविक है भूख की तरह
कर्म होता ही चला जाता है
किसी बिनुद्देशीय क्रम की तरह
कर्म
मेरे अधिकार से परे
एक संयोग-पुष्पकुंज की तरह
संभावनाओं की कोख की तरह
युधिष्ठर के यक्षप्रश्न के उत्तर की तरह
धरती से भी अधिक अपरम्पार है
जिसके हिचकोले में
मैं आसमान में झूल जाता हूँ।
एक जो अनिवार्य है वह स्वीकार्य है
वही संभव सत्य है।
तुम्हारा समत्व[1] है तो मेरा ममत्व है
मैं उसमे लीन प्रसन्न हूँ
मुझे तुम्हारे किसी देव को प्रसन्न नहीं करना
मुझे कोई यज्ञ की बलि नहीं देनी
(जनार्दन तुमने भी तो कुछ देर पहले कहा था
कर्मकांड में लिप्त के लिए मोक्ष नहीं है)
सभी-व्याप्त पारगमन यज्ञ के कृत्यों में शाश्वत रूप से स्थित होंगे
तो होंगे !
मुझे तो बस अपने बच्चों की किलकारी चाहिए
और स्वजनों का प्यार और उनका मेरे कृत्यों का प्रमाणीकरण

1. भ.गीता २.४८

मेरा कर्तव्य है अपना स्वभाव जीना है
मुझे जाति की क्रमबद्धता से कुछ लेना-देना नहीं
वेद की हवन समिधा नहीं बनना तुम्हारे आदर्शों की आहुति नहीं
ना ही किसी प्रियजन की बलि
मैं आसक्त हूँ
अपने बच्चों की माँ पर
हाँ मैं मरने को तैयार हूँ
उस मित्र के लिए जिसने इकट्ठे शिकार करते
ख़ूँख़ार जानवर से बचाने में साथ दिया था
आसक्त हूँ अपने बच्चे पर चोट लगने पर दु:खी होने में
मुझे अपने पड़ोसी से ईर्ष्या में कोई ग्लानि नहीं है
ना ही किये अपने साथी कर्मचारी पर क्रोध
भीड़ की लाचारी को मैंने स्वीकार कर लिया है
मैं उससे दु:खी नहीं हूँ
जनार्दन तुम जताते हो सारे संसार को
पाँच तत्वों से बना यह स्थूल भौतिक शरीर
पहले से ही शाश्वत काल और क्रिया में अनुबंध है
भौतिक प्रकृति के रूपों के नियंत्रित।
मैंने इसे स्वीकार किया है
और इन सबको जीने का आनंद लिया है।
मैं नहीं मानता कि यह भौतिकता साँप का जबड़ा है
जिसमे हम फंसे है
मुझे स्वीकार है साँप के जबड़े में घुसना[2]
आदि कोख में विचरण करना

2. काल कर्म गुणाधिनो देहो यंपंचभौतिक: कथं अन्यांस तु गोपयेत सर्प-ग्रासो यथा परम ॥

और पुनर्जीना।
केशव तुम दोहराते हो
सम्पूर्ण कर्मों को तुम्हें अर्पण करके
आशारहित, ममतारहित और सन्तापरहित होकर मैं युद्ध करूँ
केशव मैं अपने कार्यों का सम्पूर्ण स्वयम् उत्तरदायी हूँ
प्रारब्ध प्रकृति प्रदत्त है, मुझे कोई कर्मों का संचय नहीं करना
क्रियमाण पर मेरा अधिकार है
मैं पुनः कहता हूँ
मेरे कर्म का दायित्व मेरा है
मैं यह तुम पर नहीं छोड़ सकता
करे कोई भरे कोई
कर्म का फल किसे भौतिक नियमों पर मिला है[3]।
"प्रकृतेः क्रियमाणानि गुणैः कर्माणि सर्वशः"।
"मैं नहीं जानता शास्त्रविहित कर्तव्यकर्म क्या है
आखिर जनार्दन शास्त्र काल स्थान में सीमित है।"
पुनश्च अर्जुनोवाच
"युद्ध में मरने पर तुम मुझे स्वर्ग का लालच देते हो
कृष्ण! तुमने तो शिशुपाल की ईर्ष्या को
तुम्हारे प्रति घृणा को भी मोक्ष का पात्र माना
कंस की बाल-हत्या सत्ता हथियाने को भी मोक्ष का पात्र माना
तुम्हारा पाप-पुण्य
सामाजिक अपराध संभवतया सभी एक साथ स्वीकार्य हैं
साथ ही स्वीकार्य है सखा भाव के जीते गोप-बाल

3. मयि सर्वाणि कर्माणि संन्यस्याध्यात्मचेतसा।
निराशीर्निर्ममो भूत्वा युध्यस्व विगतज्वरः ॥ ३-३०॥

प्रेम करती वृन्दावन की किशोरी
और तुम्हारी माला जपते भक्त
कृष्ण मोक्ष तो हर स्थिति में हर स्वाभाव में मिल सकता है
मैं तुम्हारे वचनबद्ध मोक्ष
सामने क़तारबद्ध खड़े अपने प्रियजन गुरूजन से
प्रेम में क्यों ना ढूँढू !
कितना सुख है।"

ज्ञान योग

संजय ! तुम्हें याद होगी
धीर गंभीर भीष्म पितामह की बयानी
युधिष्ठर को सुनाई थी लोमड़ की कहानी
पिछले जन्म में इंसान की
संचित पाप के अभिश्राप की
लोमड़ योनि जन्म के श्राप की
लोमड़ अपने मनुष्य जन्म में
एक सुज्ञ नागरिक की तरह वह सतत
सत्ता से करता था प्रश्न
"*हेतुक*" वह स्वतंत्र विचारक
"*अन्विक्षिकिम तर्क-विद्यम अनुरक्तो निरर्थकम्*"
उस तार्किक पंडित को बुरा नाम दो
और लोमड़ की योनि में टांग दो
जन्म जन्मान्तर कर दो अभिशप्त
"न्याय" तभी तक तर्कसंगत है तर्क-उचित है
जब तक वह वेद शास्त्रों पर संशय नहीं करता
संशय पाप है
जो तुम्हें जाति धर्म से च्युत करता है
राजनायक संजय राजा की हाँ में हाँ मिलाओ
और कुरुक्षेत्र में केशव के मस्तिष्क में लगी
सम्मोहक मोरपंखी आँखों से अभिभूत रहो
मेरे अध्यात्म को

संशयहीन समस्याहीन आस्था पर लटका दिया है तुमने
राजनायक संजय योगेश्वर का निर्देश सुनाते सुनाते
तुमने मेरे तर्क को मेरी आधिभौतिक जिज्ञासा को मेरे धर्म को
सामाजिक नीति सत्ता स्थायित्व चतुष्टयवर्ण की स्थिरता का
एक सबल मोहरा बना दिया है।
संजय तुमने तो सुभीते से मान लिया था
आधिभौतिक अधिदैविक ज्ञान केवल चुने श्रेष्ठ जाति को मिल सकता है
(वेदव्यास की कृपा से सूतपुत्र तुम भी पात्र बन गए अर्जुन और बभ्रुवाहन
के संग)
कारगर मंत्र
सुपात्र का कान फुसफुसाए जायेंगे
शूद्र वेदपाठ के पाप से सदैव मुक्त रहेगा।
अनुगृहित हो मान लिया
मोक्ष ज्ञान गोपनीय है
मानो संजय मानो
मन्त्र यदि लोक कल्याणकारी है तो उसे गुप्त क्यों रखा जाये
उसे पवन की तरह आकाश के चंदोवे तले
क्यों ना
धरती के कण कण में स्पंदित किया जाये[1]।
अर्जुनोवाच
"मेरे विषाद को अपने ज्ञान की गुंजलों में और भी तोड़ मरोड़ रहे हो
तुम

१.स एवायं मया तेऽद्य योगः प्रोक्तः पुरातनः। भक्तोऽसि मे सखा चेति रहस्यं ह्येतदुत्तमम् ॥ ४.३॥

मुझे अपने तक पहुँचने से रोक रहे हो
कर्म और ज्ञान में इन्द्रिय विपरीतत कार्य के रहस्य उद्घित कर रहे हो
मेरे रीढ़ की हड्डी धनुर्विद्या के अभ्यास में प्रत्यंचा कान तक खींचते-खींचते
पर्याप्त दृढ़ है
इसके आधार पर कोई सर्पिनी मुँह खोले
आगे सरक कर मेरे मस्तिष्क तक पहुँच कर अमृत झरायेगी
मेरे लिए अप्रसांगिक है।
तुम कहते हो
तुमने सूर्य को भी योग सिखाया था
तुम्हारा जन्म तो अर्वाचीन है
और सूर्य सदैव था।
बात हज़म नहीं हुई।
तुम अजन्मे हो
अपनी ही माया से उत्पन्न
मूल प्रकृति को अंकुश में धरते।
तुम कहते हो योगेश्वर
तुम्हारी ज्ञानरुपी नौका में बैठ में सर्व पापों से मुक्त हो जायूँगा[2]
मैं अपने पापों का फल स्वयम् भुगतूँगा
तथाकथित अच्छे बुरे फलों को जीना ही तो जीवन है
पीड़ा से गुज़रना, जंगल पशु पौधों से मित्रता करना, आहत होना और
फिर बचना
मृत्यु के निकट से लाक्षागृह बाल-बाल के अंतर पर बच पाना
अननिगणत श्राप सहना दुर्योधन का मायावी पानी में गिरना और द्रौपदी
का संक्रामक हास्य

२.अपि चेदसि पापेभ्यः सर्वेभ्यः पापकृत्तमः। सर्वं ज्ञानप्लवेनैव वृजिनं सन्तरिष्यसि॥४.३६॥

कोख में तंग मरते बच्चे को चक्रव्यूह के दांवपेच
यही तो क़िस्से हैं जिसे मैं गर्व से अपने पौत्र की विस्फिरित आँखों में देखता हूँ
और अमरत्व मुझे छू कर यूँही चला जाता है
उस सिहरन के लिए जीता हूँ
तुम्हारे ब्रह्म मेरे लिए अजनबी हैं।
तुम्हारे लक्ष्य नहीं तुम्हारे लहू-सने गंतव्य नहीं
जीने की प्रक्रिया ही मेरी मुक्ति है॥"

गीता ४.५

कृष्ण
कुरुक्षेत्र के मरघटी विषाद में
तुम मुझे अपने और मेरे अनगनित पूर्वजन्मों
का लेखा जोखा दे रहे हो
तुम्हें घमंड है कि तुम्हें वे सभी जन्म याद हैं
मुझ पर कसते हो उलाहना
मैं सब भूल गया हूँ
केशव मुझे किसी पूर्वजन्म की याद नहीं चाहिए
मेरा अहोभाग्य मैं भूल गया हूँ
शहादतों पर लाल पताकाएँ लहरा कर
तुम्हारे स्वर्ग के झाँसे
शहादत भी किसी घर की मृत्यु है

मुझे मेरे इस जन्म की यादें मुबारक
मेरे इस जन्म की प्रत्येक स्मृति मुझे समाधिस्थ करती है
मैं हर याद पर बेख़ुदी का उत्सव मनाता हूँ
मेरी हर याद तुम्हारे कुरुक्षेत्र में प्रकट
विराट स्वरूप से भी बड़ी है
जिन्हें मैं पल-पल, तिल-तिल जिया हूँ
तुम्हारा विराट स्वरूप केवल भय जन्माता है
मेरी यादें मेरे रोम-रोम में नन्ही कोमल कोंपले।
मैं हर याद पर भीग जाता हूँ॥
सुनो कृष्ण मैं इस जन्म में भी तुम्हारी यादें क्यों सँजोऊँ
मुझे मेरे विषाद की लम्बी साँसे भरने दो
स्नेहिओं पर तीर चलाना कोई धर्म नहीं हो सकता
छल कर गुरू को मारना धर्म नहीं हो सकता
निहत्थों पर आक्रमण करना धर्म नहीं हो सकता
व्यक्ति को गदा से कुचलना धर्म नहीं हो सकता
कृष्ण ! मैं तुम्हें सुनाता हूँ
व्यक्ति का सम्मान धर्म से बड़ा है।
मैं इस जन्म में तुम्हारी यादें भी भूलना चाहता हूँ
कुरुक्षेत्र के धर्मक्षेत्र के सारे पहाड़ सम अपराध भाव
यहीं इस जन्म में उलाँघना चाहता हूँ।
कृष्ण तुम्हारी यादें मैं क्योंकर रखूँ
युद्ध-भूमि के अलावा हमने इकट्ठे किया क्या है
कब एक साथ लड़कियाँ छेड़ी हैं
तुम तो युमना-तट पर उनके कपड़े चुराने अकेले निकल पड़े थे
राजपाठ सँभालने भी तुम अकेले द्वारका पहुँच गए

सुदामा के तांदुल लेकर मै भी पहुँच जाता
परन्तु किसी भी भाभी का बुलावा नहीं आया।
सुनते हैं कृष्ण!
तुम सब कुछ कर सकते हो
मुझे बस तुम्हारे साथ बिताये
जन्मों से भी लम्बे प्रहर
भूलने का वरदान दो।

संन्यास योग

सुन
संजय गावाल्गण
कितने अकिंचन
(प्रभु सम्मुख अकिंचन रहने में ही बुद्धिमत्ता है)
कर्म-च्युत जब तुम हुए युद्ध-रत
योद्धा यादव-वृष्णि सत्यकि की खड्ग तुम पर चलने को ही थी
कि तुम्हारे शुभचिंतक प्रतिपालक वेद व्यास ने
तुम्हारी अकिंचनता का सत्यकि को कराया अवगत
और तुम आज रणक्षेत्र की आँखों-देखी के समूचे शरीर को झकझोड़ने वाले
वृतांत सुनाने के योग्य बने।
विश्वविख्यात कीर्तिमन्त।
आँखो-देखी में गाम्भीर्य के लिए तुमने आत्मा को झुलाने के भी वर्णन ढूँढ लिए
कृष्ण के निर्देशों में।
स्वयम् कहता था अर्जुन
कर्म के ऊँचे सोपानो से अभी निकला ही ना था
उसे ज्ञान-प्रदत्त सन्यास में उलझा लिया।
सूतपुत्र तुम भी अपने प्रभु से पूछो कि हलाल में
"बिस्मिल्लाह अल्लाह-ओ-अकबर"
जीव को जन्नत मिलती है और व्याध को जीव-हत्या से मुक्ति।
शास्त्रों के उच्चारणों के शोर में की गई शस्त्र-हत्या उचित नहीं हो जाती।
अर्जुनोवाच

“कर्म की महिमा बखान चुके तुम केशव
अब कहते हो कर्म बंधन से मुक्ति के लिए कर्म त्याग दूँ।
व्याध की कहानी याद होगी तुम्हें कृष्ण
अपने गण्डासे से बकरे काटते हुए
उसके एक जैसे अनेक टुकड़े बनाते हुए
वह इस क़दर तल्लीन था कि उसे किसी अन्य की सुध नहीं थी।
ऐसा लगता था कि वह बकरा गण्डासा
इस क़दर जुड़े थे
मानो एक हों।
केशव मैं भी जब काठ-मछली की आँख फोड़ रहा था
मेरा ही शरीर धनुर्कमान था मैं ही था प्रत्यंचा और
मैं ही था वह आँख।
मैं अपने सिवाय किसी अन्य बंधन में नहीं था।
नहीं जानता तुम
किस बंधन से मुक्ति की बात करते हो।
तिस पर एक और शगूफ़ा छोड़ दिया है तुमने
तुममें विश्वास उस कर्म और सन्यास से भी श्रेष्ठतर है।
क्षमा करो केशव
मुझे स्वयम् पर विश्वास के प्रयास करने दो
उसका संवर्धन करने दो
अब और ना भरमाओ।
मेरे अस्तित्व के पंचभूत विपुल हैं पर्याप्त हैं
सहनशील धरती करती है आश्वस्त

सर्व संशय से मुक्त
आकाश के विस्तार में
अग्नि मेरी भूख है स्वत: प्रवृत
शरीर का वीर्य है अमरत्व है
पवन-वेगी भाव
शरीर को मन को समूचे मुझे यूँही त्रिपुरा सम्राट बना देते हैं
मैं द्विआँगी में विश्वास नहीं करता मैं जानता हूँ
कुछ भी हर वक़्त सीधा या उल्टा नहीं होता
परन्तु समझ आसान करने हेतु
जीवन में रस उत्पत्ति हेतु
मुझे द्विआँगी भी स्वीकार्य है
माधव! तुम भी इसमें डूब कर देखो
बड़ा मज़ा आएगा"।
पुनश्च
"विद्या विनय सम्पन्न ब्राह्मण
सभी में ईश्वरत्व स्वीकारता है
गाय में, हाथी में, श्वान में
और श्वान भक्षण करने वाले
समाज वर्ण निष्काषित मनुष्य में
मेरे कृष्ण यह ज्ञान का अधिकार सबको दो
सब हैं सामान सब हैं एक से महान
मुझे भी रहने दो *"विद्यासंपन्नविनय अब्राह्मण"*[1]।
मुझे मेरी चेतना में पाँचों इन्द्रियों का रसास्वादन विस्तृत करना है गहराना है

1.भ. गीता ५.१८

अपनों को चोट लगने अपनों के खोने पर रोना है
मुझे अपने पौरुष के गर्व में अपने आँसू रोकने नहीं हैं
चतुराश्रम के समय में सन्यास शायद सोच भी लूँ
इतने वनवासों के बाद सन्यास भी मेरे लिए नया नहीं है।
मेरा अस्तित्व है वह जिसे मैं
परछाई की तरह साथ रखता हूँ।
मुझे त्रुटिपूर्ण ही रहना है
सम्पूर्ण व्यक्ति तो देवता होंगे और देवताओं के कोई मित्र नहीं होते।
मुझे अपनी पूजा नहीं प्यार चाहिए।
मुझे भौतिक दु:खों से
इन्द्रियों के (चाहे क्षणिक क्यों ना हो)
सुख से वंचित नहीं होना
निरंतर सुख की ऊब में मैं
कृष्ण तुम्हारे साथ नहीं हूँ।"

ध्यान योग

अध्यात्मीकी और धर्म के सामने तो सभी हथियार फेंक देते हैं
तुम तो केवल आँखों-देखी का वर्णन करने वाले संजय
तुम भी थे धर्म-वाणी से, अशरीरी बातों से मंत्र मुग्ध
तुम वही सुनते रहे, सुनाते रहे
तुमने कभी ध्यान दिया होता उन
नामहीन, चेहरे-विहीन अक्षौणि को जो अपने सिर कटाने की निर्विकार प्रतीक्षा में हैं
मृत्यु को शहादत के नाम देने से परिवार की पीड़ा कम नहीं होती
ना ही मिटता है मृत्य का नग्न तथ्य।
तुम थे कृष्ण के समक्ष नगण्य
गंगा का पुत्र देवव्रत भीष्म भी था इतना ही चित्रवत
युद्धस्थली में जब अर्जुन को बचाने कृष्ण स्वयम् दौड़े थे
पार्थसारथी भूल गए थे
अपना शस्त्र ना उठाने का प्रण
रथ के पहिया का सुदर्शन चक्र उठा कर
"भगवान" को अपनी ओर आते देख
सुदर्शन चक्र, गदा, खड़ग्, सारंग, धनुष सुसज्जित उनके योद्धा स्वरूप ध्यान में
भीष्म भी धन्य हो गये
अपनी मृत्यु का आह्वान करते हुए।
इस विश्वास के साथ
वृष्णियों और अँधकों के भगवान का भुगतान कर रहा भीष्म
तीनों लोकों में सम्मानित होगा

भीष्म
महाभारत का प्रणेता
अपने अपौरुषी भान्जों-सम पुत्रों सम लाचार
लाचार था अम्बा, अम्बिका, अम्बालिका का अपहरण-कर्ता
भीष्म
बदलापुर के धर्मक्षेत्र में
अम्बा का प्रतिशोध धर्मसंगत था
अम्बा से नहीं शिखण्डी से नहीं
तुम्हें तो अपने उद्धार के लिए भगवान् के हाथों मरना था।
संजय तुम बस तुम्हारे प्रभु के वचन सुनाओ
तुम्हारा "ध्यान" बस यही है।
अर्जुनोवाच
"मैं खुले निरभ्र आसमान में
तुम्हारे मोरपंख-समपूर्ण नीलापन में विचरता हूँ
जंगल के बीहड़ में सारंग पक्षियों की उड़ान के संग हूँ
मेरे गाण्डीव की टन्कार सिंहनाद से अधिक थरथराती है
और मैं संग होता हूँ
रत्न-जड़ित पगड़ी, सुसज्जित चित्रांगदा से
शिकार की तलाश में चित्रांगदा की माथे पर चमकते पसीने के महकते मोती
जिसकी माला मैं आज तक बना नहीं पाया। कृष्ण !
उसकी नाभि की मणि तुम्हारे कौस्तुभ से अधिक सम्मोहक है।
समुद्र की गहराई में उलूपी के नागपाश में समुद्र की गहराइयों की

तह-दर-तह में अत्यंत सुरक्षित
कोख में तिरता हुआ।
उलूपी का प्रत्येक पाश पुनर्जन्म सा था।
तुम्हीं बताओ कृष्ण ! मैं ऐसे मन को कैसे बाँधूँ
और क्यों कर बाँधूँ।
याद करूँ द्रौपदी का प्रतिशोध
मन बार-बार भटक जाता है
और तुम हो कि युद्ध की ललकार के लिए उसका वास्ता देते हो बार-बार
और धर्म के नाम पर बर्बरता
प्रतिशोध पर ध्यान केन्द्रित करने का आग्रह रखते हो
याद करो तुम ही थे अपनी बहन सुभद्रा के अपहरण में सहायक
जब रैवतक पर्वत के मेले में एक सुकोमला यक्षिणी सी
मेरे मन मस्तिष्क की स्वामिनी थी वह
राजसिंहासन के लिए
उसके पुत्र की बलि नहीं चढ़ा सकता मैं
मुझे जाने दो मुझे जीने दो
मुझे उस यक्षिणी के वक्षस्थल की पुकार
मेरे कानों में तुम्हारे वचनों से अधिक
गूँजती है कहीं अधिक।
तुम ध्यान की बात करते हो
ध्यान स्वयम् से साक्षात्कार है
मेरा साक्षात्कार मुझे चित्रांगदा में सहज करता है
अन्दर कहीं अन्दर मेरे मन में कहीं अटका ज़मीर अवतरित होता है
उसकी गीता मुझे प्रत्येक प्रकार की हिंसा से रोकती है।

कहीं हमारे अन्दर छिपे पशु को छिपाती है कहीं गहरे
उभर ना सके आसानी से जहाँ से
खाण्डव वन के सारंग रह सके सुरक्षित
कभी-कभी प्रायश्चित में
उन संग स्वयम् को पसार लेता हूँ
खाण्डव वन के जीव मनुष्य संहार में तुम शामिल थे
जिसका अपराध भाव आज भी मेरे कन्धों पर बैठा मुझे कुबड़ा बना रहा है
गाण्डीव बहुत भारी है मेरे लिए
और आज मुझे तुम एक और भयानक नरसंहार के नारकीय अपराध में
धकेल रहे हो।
धर्म और मोक्ष का वास्ता देकर।
हे मधुसूदन! तुम्हारा योग मेरे लिए अव्यवहारिक और अयोग्य है
चित्त की चंचलता मेरी तंत्रिकाओं की आन्दोलित शक्ति है
रगों में दौड़ता भरपूर ख़ून
मन पवन से भी अधिक तेज़ दौड़ता है
प्रमादी है, ज़िद्दी है अत्यंत बलवान[1]
यही इसकी शक्ति है प्रकृति है
इस उर्जा को मैं कम ना होने दूँगा।
"चित्त-वृत्ति निरोध" में
मेरी माँसलता को परछाई बना जाएगी
तुम्हारी समाधि का आभामण्डल कितना भी प्रकाशवंत क्यों ना हो।
चित्त-वृत्ति की निरंतरता ध्यान है।
यही चेतना प्रवाह की गति का आयाम विशेष में
मैं हूँ

1.भ.गीता ६.३३,३४

मुझे किसी नासिका के अग्रभाग पर दृष्टि गड़ा कर मन को सुन्न नहीं करना
तुम्हारा ध्यान तुम्हरी समाधि अपने मन को बाँध कर विचार शून्य करना है
सीमा में बँधना है असीम की यात्रा सीमा में बँध कर नहीं होती
तुम्हारी धर्म धारणा तुम्हरी साधना
मुझे मुझ से दूर स्वधर्म से दूर ले जाती है
मेरे सखा कृष्ण!"

अर्जुन ३७७

अर्जुन की ज़ुबानी है
धर्म की दुहाई है
क्षात्रधर्म की दुहाई
कृष्णरूपेन चित्रसेन
मेरे गुरुओं क्यों बचाया मुझे श्राप से
श्राप तो देवलोक की सौग़ात है
उर्वशी का श्राप तो माँ का उलाहना है
वरदान था मेरे लिए
आजन्म बृहन्ल्ल रहने का
मैं कभी भी अपने स्वभाव में
अपनी प्रकृति में कभी भी नहीं था
सिवाय उस वर्ष के लिए
जब मैं विराट था
उत्तरा संग नृत्यलीन
शमी वृक्ष की हरी टहनियों में छुपा कर गाण्डीव
मैं मुक्त था

स्वयम् से युक्त
क्षात्रधर्म की मार धाड़ से
बिन पहचान अनजान मुक्त।
चित्रसेन मुझे भूलती नहीं
अमरावती की ऐन्द्रिक समुद्र में डूबी शाम
जब मेरे दिलफेंक पिता ने
उर्वशी के नृत्य की महफ़िल सजाई थी
चित्रसेन मैं चित्रवत् सम्मोहित था
उर्वशी थी कि नदी का बहाव
जहाँ नन्ही लहरें हल्का किल्लोल करती
मेरी रगों में हल्का चुहल कर रही थी
हल्की चुभन दे रही थीं
मैं उसके साथ नृत्यलीन
तल्लीन।
उसकी प्रत्येक भावभंगिमा मुद्रा
मेरे दिल में चौखट-जड़े चिरन्तर स्मृति चित्र है।
मेरे पूर्वज पुरुरवा के भोग संगिनी माँ उर्वशी
मैं तुम्हारे नृत्य से कृतार्थ हो रहा
मुझे अपनी प्रकृति अपना स्वभाव
नृत्य की प्रत्येक सम पर लौटा रही थी तुम
चंद्रवंशी मैं
मेरे जिस्म में सूर्य का वीर्य नहीं चन्द्रमा की तन्द्रा थी।
माँ तुम्हारा श्राप आशीर्वाद था शिरोधार्य था स्वीकार्य था।
मैं बूढ़े ब्रह्मा की शिथिल बाँहों से नहीं जन्मा था
मेरा जन्म तो चुलबुली कौतुहलवश कन्या की कोख से हुआ था

मेरे पिता देवलोक के राजा ने एकाध पराक्रम किया होगा
मैंने तो उसके माथे पर भग का लाल टीका ही लगा देखा है
मेघनाथ ने उसे लंका के बाज़ारों में घसीटा था और
त्वष्ट-पुत्र वृत्र से बचने छुप गए थे झील के कमल में
मेरे पिता हैं इंद्र
अभारी हूँ उनका मुझे क्षात्रधर्म के पाठ नहीं पढ़ाये उन्होंने
हस्तिनापुर के राजा पाण्डु के दुलार की कोई स्मृति मुझे नहीं है
उनके साथ तो मैं जंगलों में यज्ञ लकड़ियाँ ही इकट्ठी करता रहा था।
मैंने अपने पूर्वजों को अपने अन्दर सहा है
विचित्रवीर्य भी तो मेरे दादा सम थे
शान्तनु के गंगा-सहवास के कारण मुझे अपने ही पुत्र के हाथों ही मरना था
गंगापुत्र को मैंने ही मारा था
शिखण्डी की ओट में
शिखण्डी की ओट नहीं थी वह मेरे अन्दर था
स्वयम् मैं था।
भीष्म है बिना काम के रहना
और मैं शिखण्डी मैं बृहन्न्ल प्रतिज्ञायों के जंजाल से मुक्त था।
पुत्र बभ्रुवाहन के हाथों मरने पर भी मैं मुक्त ना हो सका
स्नेहियों के संहार के अपराध से कोई मुक्त नहीं हो सकता।
पराशर झील के कुहासे में मेरी दादी ने
मेरी रगों में मछलीमारों का और ब्राह्मण का ख़ून भरा था
षड्यंत्रों से भरे राजघराने ने मुझे क्यों हर बार क्षात्रधर्म की क़समें खिलाई थीं
मेरे ब्राह्मण गुरू ने मुझे बनाया अपने प्रतिशोध शस्त्र
संसार का सर्वश्रेष्ठ धनुर्धर

मैं श्रेष्ठ था
कमान से तीर छोड़ने की मुझमें जन्मगत लय थी उर्वशी के नृत्य की
मेरी दादी की मछलियाँ जो मेरी पुष्ट बाहों में लयगत चपल थीं
मेरे लिए चपल मछली की आँख छेदना सरल था सहज था।
बदले में मुझे मिली आग की लपटों से निकली चंचल चपल प्रतिशोधिनी।
यज्ञसेनी क्षत्राणी।
एक दिन क्षात्रधर्म निभाते हुए
एक ब्राह्मण की रक्षा के लिए
मेरे श्वेत धर्मराज और कृष्णा द्रौपदी के असंगत विचित्र वीर्य
भंग में मुझे बारह वर्ष जंगलों की खाक छाननी पड़ी
जानता था राजसी षड्यंत्र का शिकार हूँ मैं
मुझे युद्ध के लिए तैयार किया जा रहा है
अस्त्र जुटाने के लिए मैं किरात से आहत हुआ हारा
चित्रसेन ने मुझे फिर से बचाया
मुझे लगा मैं गन्धर्व संतान हूँ
यह धरती की जाति, धर्म का पाश मुझे खींच रहा है।
भाग्शाली था मुझे उलूपी मिली
संजीविनी मणि का रहस्य मेरा अपना हो गया
जाति-धर्म से परे मैं पाताललोक के रहस्य को धरती पर पा
पूर्णतया जी उठा था।
क्षत्रिय की पुकार ने पीछा नहीं छोड़ा
कुरुक्षेत्र के तथाकथित धर्मक्षेत्र में
मैंने अपने बेटे को उलूपी के इरावान को
युद्ध की निरर्थकता का साक्षी बना
उसका गला कटवा दिया था।

भीष्म विदुर कृष्ण
प्रश्न है तुम सबको
उलूपी के बेटे को क्षत्रिय बनाना क्या आवश्यक था?
भाग्यशाली था मैं
मुझे मणिपुरा में मिला एक अति सुन्दर मोहक योद्धा
तत्क्षण मैं आकण्ठ उसके प्रेम में था
उसके शस्त्र चलाने में वही लय थी
जो उर्वशी के नृत्य में थी
जो संभवतय मेरे धनुर् में थी।
मोहक योद्धा का युद्ध में जब शिरस्त्राण गिरा
अनायास आकाश पर लहराते केश बादल
मेरे चेहरे पर छा गए,
आकण्ठ नहीं मैं
पूर्णतया अपने सम्पूर्ण शरीर से उसके प्रेम में डूब गया।
मुझे मुझसा मिल गया।
क्षात्रधर्म के श्राप ने फिर पीछा किया
राजधर्म के अश्वमेध के घोड़े को बचाते मेरे ही बेटे ने मुझे मार गिराया
उलूपी की मणि ने मुझे जीवित तो किया
परन्तु जाति धर्म के श्राप ने मुझे अपने स्वभाव में
जीने ना दिया
चित्रसेन! काश तुम
उर्वशी का श्राप ऐसे ही रहने देते
मुक्ति शायद आसान रह जाती।

विज्ञान योग

सूत पुत्र संजय
महाभारत के नायक तो तुम थे
सूर्यास्त पर घोड़ों को जुओं से मुक्त कर
पौष मास में सरकण्डों के तापन पर सूतपुत्रों ने
योद्धाओं की कहानियाँ सुनाकर अपनी थकन कम की थी
गंगा में तैरते अपनी सोनाई चमक से चौंधियाते त्यक्त बालक
को गोद में उठा हमारा क़बीलाई अधिरथ कितना धन्य था
राज्य की, राजा की प्रशस्ति प्रसारण के लिए
अपने प्रिय घोड़े के मेध पर कितने दु:खी थे सभी सूत
हँसे भी थे खूब हँसे थे
आर्य देश की पटरानी की कहानी पर
मृत अश्व के साथ सोने से मना कर दिया था उसने
अश्व के साथ कर दिया गया था उसका भी मेध
सुनते हैं उस देश में बरसों तक धरती बंजर बनी रही।
गली-कूचे में अन्न माँगते यायावर साधु
एक वृकोदर योद्धा की कहानी सुनाते थे
जिसका अन्न में मिला ज़हर पाताल के नागों ने चूस लिया था
मोटे योद्धा ने एक ग़रीब ब्राह्मण के बेटे को बकासुर से बचाया था
सुरमई शाम को मदिरालय में
देव सम सुन्दर राजकुमार की प्रेम-कथा-रस को सोमरस में घोल कर प्रसन्न हो रहते।
सूत पुत्र संजय यह सब तुम्हारी कहानियाँ
आम जन की कथाएँ

राज्य सुदृढ़ता राज्य सत्ता की महिमा गान के लिए
तुम्हारे गुरू पराशर पुत्र कृष्ण द्वैपायन ने तुमसे हथिया
ऋषियों को दे दी
यह सभी कहानियाँ अब ऋषि मुख से सुनते हैं सब
अवतरित भगवान को महिमा से मण्डित
जिसके सम्मोहन में संजय तुम भी क़ैद हो।
और गुरू-दक्षिणा में तुमने हमें भी होम दिया है
अँधे धृतराष्ट्र को आँखो-देखी सुनाने के बहाने
ज्ञान-विज्ञान
उस अस्पष्ट कुहासे में अर्जुन की असमंजस सम
जिसमें आर्य ऋषि पराशर ने
अपने रचे द्वीप में मच्छीमार की किशोरी कुमारी का सम्भोग किया था
सम्भोग से जन्मा पुत्र कृष्ण द्वैपायन
वही सृष्ट कुहासा
संजय तुम सुना रहे हो इतने लम्बे समय से
जब दोनों सेनाएँ एक दूसरे के सम्मुख हैं
एक दूसरे का ख़ून बहाने के लिए तत्पर
संकट काल संजय शब्दों से टलता नहीं है कभी !
अर्जुनोवाच
"मेरा संशय क़ायम है"
"असंशयम् समग्रम् माम्"
"कृष्ण!
पंचतत्वों से बनी सृष्टि
और व्यक्ति में मन, बुद्धि, अहंकार की बातें
मैंने गुरूकुल में सुन ली थी

इनकी मेरे रंध्रों में बहती
भौतिक उर्जा मुझे मेरे अपनों से मुझे शिद्दत से जोड़ती है
उसी उर्जा की क़सम मैं उन्हें आहत नहीं कर सकता
मेरी निजात मेरी यही शिद्दत है
जिसे मैं तुम्हें नहीं सौंप सकता
मुझे अपनों के बिना मोक्ष नहीं चाहिए[1]।
कितना भी तुम्हारे व्याख्यायित धर्म विरुद्ध हो
तो हो"
"धर्माविरुद्धो भूतेषु कामोऽस्मि भरतर्षभ"
"तुम्हारी माया शक्ति पर मुझे अब संदेह है
संभवतय: वे मायावी है।
तुम्हारी माया शक्ति
से तुमने मानव जन्म पाया है
हे सखा कृष्ण
मानव की सीमाओं के दुःख-दर्द
भाव-अभाव में जियो
मुझे पहचानो और फिर बात करो
हर बार मैं ही क्यों तुम्हें पहचानूँ
और बिना प्रश्न तुम्हें समर्पित रहूँ।
तुम्हारी माया इतनी सशक्त है।
तुम्हारे गिनाये चार वर्गों में मनुष्यों में मैं नहीं हूँ
मैं ज्ञान से अनभिज्ञ नहीं आख़िर तुम्हारे साथ रहा हूँ
मैं अपने पुरुषार्थ के लिए जाना जाता हूँ आलसी नहीं हूँ
नहीं जानता मेरा निम्न स्वभाव क्या है

1. भ.गीता ७.११

मैं अपने स्वभाव का अनुसरणी हूँ,
आसुरी प्रवृत्ति मैं नहीं मानता[2]
मेरे परिवार ने अनार्य असुरों के घर भी बेटी-रोटी का रिश्ता रखा है
भाभी हिडिम्बा के प्रति मेरा अत्याधिक आदर है।
कृष्ण तुम इच्छा से जन्मे दुःख से मुझे भरमाओ नहीं[3]।
मेरी इच्छा की शिद्दत से भ्रम दूर हो जाते हैं
मुझे संकल्प नहीं इच्छा की शिद्दत चाहिए
द्वंद्व में जीना ही तो जीवन है।
मुझे इसमें जीने दो हे जनार्दन!"

अम्बा अम्बिका अम्बालिका

अम्बा अम्बिका अम्बालिका
कितनी भाव विह्वल प्रफुल्लता से
पिता ने नाम रखा था अपनी बेटियों का
काशी नरेश ने मोक्षदायिनी गंगा का
आह्वान करते-करते
बेटियों में आदि-माँ संज्ञा को गंगा की लहरें आन्दोलित करते हुए।
बेटियों के पिता समान उसी गंगा माता के बूढ़े पुत्र ने
भरी सभा में तीनों का अपहरण किया
अपने शुक्राणु-विहीन विचित्रवीर्य पुत्र के विवाह के लिए
कुल की राज्य सत्ता की निरंतरता के लिए
उस नामधारी पुरुष के लिए

2. भ.गीता ७.१५ 3. भ.गीता ७.२७

जो किसी स्त्री को माँ नहीं बना सकता।
भीष्म अपने पौरुषीय बल के प्रदर्शन के लिए
स्वयम्वर सभा के सभी आशावान राजा-राजकुमारों को
काशी नरेश को
चुनौती देते हुए अपने
इस अनैतिक शौर्य को ऋषि वाणी से उचित ठहराया था
ऋषि भी तो राज्य सत्ता पर आश्रित हैं।
शास्त्र सत्ता की वैधता है।
महाभारत के संभव पर्व में तुमने
भीष्म भरी सभा में
छाती ठोंक कर उद्घोष किया था
"वह पत्नी प्रिय रूप से अमूल्य है जो विरोधियों के वध के बाद, एक स्वयम्वर समारोह में आमंत्रित राजकुमारों और राजाओं के समागम के बाद से बलपूर्वक छीन ली जाती है"।
ऋषि वचनों के आगे सभी अशक्त हैं।
चुनौती देते हुए देव वसु पुत्र भीष्म पुन: उद्घोष करता है
"राजाओं, मैं इन कन्यायों को बल से ले जा रहा हूँ। मुझे हराने के लिए अपनी पूरी ताक़त लगाओ अथवा पराजय स्वीकार करो"।
वहाँ खड़ा था कुरू राजकुमार दैवीय ऊर्जा से संपन्न
लड़ने के संकल्प से दैदीप्यमान
असहाय विवश काँपती निर्बल कुमारियों को रथ पर लादे हुए।
अम्बा को अपने प्रेमी से दूर कर
तुमने गंगा पुत्र भीष्म ! तुमने
स्त्री के कालि रूप को ललकारा था
नग्ना खरास्थिता कण्टकभूषणा,

वर्धनमूर्धध्वजा कृष्णा कालरात्रिर्भयङ्करी शिखण्डीणि
प्रतिशोध के लिए उसने तुम्हारे ही वासुदेव से प्रार्थना की थी
(प्रतिशोध की परामर्श के लिए कृष्ण अति योग्य है)
कुरुक्षेत्र के प्रतिशोध क्षेत्र में उसी कृष्ण की आड़ में
उसने तुम्हें बाण शैय्या पर चिरनिद्रा दी थी
अम्बा ही थी तो योगमाया।
भीष्म यदि तुम अपहरण ना करते
संभवतया कुरुक्षेत्र ना होता
राज्य के वारिस के लिए ऋषि पुत्र
अम्बिका, अम्बालिका की इच्छा के विरुद्ध सम्भोग ना करते
डर से आँखे बंद करने पर अँधा राजा उत्पन्न ना होता
ना ही होता डर से काँपती पीले पत्ते सी अम्बालिका से रोग ग्रस्त अशक्त दावेदार
जो पुन: पुत्र उत्पन्न करने में अशक्त था।
सशक्त ब्राह्मण वीर्य के सामने सभी अशक्त थे
और प्रतिशोध कर्मक्षेत्र धर्मक्षेत्र।

तारक ब्रह्म योग

सूतपुत्र संजय
कृष्ण सम तुम भी तो सारथी रहे हो
आवागमन के उबड़-खाबड़ रास्तों पर हिचकोले खाते रथ से पार कराने वाले
आज युद्ध की नारकीय अग्नि में सबको धकेल रहे हो
तुम्हारे जाति यज्ञ की महिमा के नाम पर।
सूतपुत्र संजय कुरुक्षेत्र के सारथी का तिलस्म तुम्हारे सर पर बोल रहा था
याद करो तुम्हारे लिए
सहज था कृष्ण की महिमा का गुणगान
जब पाण्डवों के दूत बनकर हस्तिनापुर आये थे
तुम्हारे स्वामी धृतराष्ट्र का आतिथ्य अस्वीकार कर
कुरुकुल के जयेष्ठतर वारिस दासपुत्र विदुर
के राजमहल के आडम्बर-विहीन घर में ठहरे थे।
(विदुर अँधा नहीं था ना ही था रोगग्रस्त था
तुम्हारे गुरू वेदव्यास का जयेष्ठ पुत्र
दासी पुत्र होने से दोषग्रस्त)
तुम भी दूत थे धृतराष्ट्र के
तुम भी जानते थे अपने स्वामी की मंशा
कृष्ण भी दूत थे युधिष्ठर के
परन्तु
कृष्ण का आश्वासन था द्रौपदी को
कौरवों के ख़ून से वह अवश्य धोएगी अपने सूखे छितरे केश
प्रतिशोध का मार्ग है युद्ध
केवल युद्ध।

दोनों दूत खेल रहे बिना किसी रथ के अश्वों की लगाम के
कुटिल राजनीति
कूटनीति के जाल में सर्वनाश के कीचड़ में
धंस चुका है देवताओं के राजा इंद्र का पुत्र अर्जुन।
अर्जुनोवाच
"इस युद्ध के अधिष्ठाता कृष्ण
आधिभूता अध्यात्म आधिदैविक आधियज्ञ सभी तुम ही तो हो
पहली बार तुमने ही तो पीछा किया था द्रुपद दरबार में
मत्स्य-चक्षु भेद में द्रुपद के प्रतिशोध की प्रतिमा से
बन-बन भटकते अनाम पाण्डवों का सम्बन्ध जोड़ कर
उस सब में
इस कुरुक्षेत्र की संहारिक घटनाओं में तुम्हीं तो थे
मैं अपने कर्म तुम्हें अर्पित करूँ या ना करूँ
तुमने तो प्रारंभ से ही
यह जाल बिछा रखा था
बस
अपनी माया को लीला की वैधता देते हुए
रथ के पहियों के नीचे कीचड़ पर धंसने के लिए।
मेरे पुण्य और पाप तो पहले से ही नियत कर दिए थे
तुमने।"
"*अन्तकाले च मामेव स्मरन्मुक्त्वा कलेवरम्*"
"अब मैं चाहूँ भी तो तुम्हें भूल नहीं सकता।
चित्तवृति निरोध से भटक कर
कृष्ण योगेश्वर

तुम अब मुझे तीसरी आँख पर ध्यान केन्द्रित करवाते हो[1]
तीसरी आँख कुरुक्षेत्र में ताण्डवी संहार है
चित्तवृति निरोध से भटक कर
तुम अब सुषुम्ना में फण उठाते
सरकती सर्पिणी की बात करते हो[2]
मैंने उलूपी की माँसल नागपाश में सृष्टि रची है।
मैं प्राण प्रसन्न हूँ, तुमने
सर्पिणी का गंतव्य दिल के पास
धरती पर इन्द्र-वर्षा की हरियाली का अनाहत चक्र सुझाया है
मैं प्राण प्रसन्न हूँ
अनाहत के प्राण-प्रण पर
मुझे क्षमा करो कालिया को नाथने वाले कृष्ण
मैं किसी को आहत नहीं कर सकता
मत्स्यभेद के बाद पुन: तुम मेरे साथ
अग्नि का प्रतिशोध पूर्ण करने के लिए खाण्डवप्रस्थ में थे
इंद्रप्रस्थ के नगर निर्माण की भव्याडम्बर
पूरा का पूरा खाण्डव वन जला डाला था
सभी पशुओं के पक्षियों के आशियाने, बस्तियाँ जला डाली थी
केवल बच निकले थे सारंग पक्षी और बच निकला था मय
असुरों का महा-शिल्पी मायावी महल का वास्तुकार
माया मारिचिकी का निर्माता
वह मायावी संसार तो तुम्हारा ही रचा था कृष्ण
तुम्हारा रचा संसार मिथ्या कैसा हो सकता है
हाँ ! महाभारत का कारण बन सकता है

1. भ.गीता ८.१० 2. भ. गीता ८.१२

मरीचिका भ्रान्ति प्रतिबिम्ब
का महल था माया का मायावी महल
जहाँ आँखों वाला भी अँधा बन सकता है।
उस अग्नि संहार में बच निकला था तक्षक
जिसका अपना प्रतिशोध पाण्डवों की तीन पीढ़ी तक चला
कृष्ण कितनी पीढ़ियाँ होम दी
हमने इस धर्मक्षेत्र-कुरुक्षेत्र के यज्ञ में
कृष्ण तुम बहुत ही अतार्किक हो
शायद धार्मिक होना स्वयम् में अतार्किक है
यह कह के तुमने
तुम्हें जानते हुए, तुम्हें मानते हुए
सूर्य की उत्तरी पथ की गति के वर्ष के प्रथम छः मास में
चन्द्रमा के उज्ज्वल पखवाड़े में और दिन के उज्ज्वल भाग में
इस दुनिया से विदा हो जाते हैं
वे तुम्हारे आकाशीय धाम में पहुँचेंगे
और उसके विपरीत वैदिक अनुष्ठानों के अभ्यासकर्ता
जो सूरज के दक्षिणी पथ की छमाही में
चन्द्रमा के अँधेरे धुएँ भरे पखवाड़े में
रात के समय विदा होंगे
आकाशीय आनन्द पश्चात्
पुनः पृथ्वी पर लौट आएँगे।
अँधेरे पथ सर्वथा रहेंगे
वह भी तो तुम्हारे ही हैं

तुम कहते हो तो मान लेते हैं
प्रकाश का मार्ग मुक्ति की ओर जाता है
और अँधेरे मार्ग पुनर्जन्म की ओर[3]।
कृष्ण, सखा मुझे पृथ्वी पर पुन: लौटना है
अपनों संग धरती की मिट्टी में लोटना है।
मुझे पितामह की तरह बाण-शैय्या पर नहीं लेटना है
बाण की एक-एक नोक पर
जम कर काली पड़ती रक्त धाराएँ
पितामह के प्रायश्चित के लिए पर्याप्त नहीं थीं
पितामह शायद काशी पुत्रियों के अपहरण का
विदुर का राज्याधिकार
दुर्योदन के युवराज पद का
उजाड़ इन्द्रप्रस्थ के दान का
शकुनी के जुएँ का
द्रौपदी से व्यवहार का प्रतिकार ना कर पाने का
शायद शैय्या के बाण पर्याप्त नहीं होंगे।
कृष्ण, सखा मुझे भी अपने अपराधों की बाण-शैय्या पर लेटना है
परन्तु उत्तरायण की प्रतीक्षा मेरे लिए नहीं है।"

योगमाया

एक शिशु बालक के लिए
माता-पिता की बलि दी गई भारत की बेटी योगमाया

3. भ.गीता ८.२४,२५,२६

तुम्हारे महिमामण्डन से मेरा कल्पों दमित अपराध
होगा नहीं कम
संस्कृतिक समाज के आन्तरिक क्षय ग्रस्त हम
तुम्हें सोने के प्रकाश गोलार्धों में क़ैद कर
स्वयम् को धन्य करते हैं।
तुम सौदामिनी बन, वज्र बन हम पर आज भी कौंध रही हो
तुम्हारे प्रकाश में आज भी हम
तुमसे मानव-सम जुड़ते नहीं
यशोदा के मुख से कभी तुमसे बिछड़ने की पीड़ा नहीं सुनी
वह तो अपने लल्ला के मुख से माखन पोंछने में धन्य हो रही थी
नन्द बाबा तो सदैव उपेक्षित थे
बस तुम्हें हम मंदिरों के घण्टनाद में
पुन: आकाश में उड़ा देते हैं।
तुम कभी भी हाड़-माँस का व्यक्ति बन कर
अपने भाई कृष्ण की तरह लीला नहीं कर पाई
तुमने किसी ग्वाल-बाल संग हुड़दंग नहीं मचाया
ना ही पा सकी किसी का प्यार
संपत्ति जिसे हम
पल-पल को संजोये रखते हैं।
तुम तो निमित्त थी
पौरुषीय अवसर प्रदान करने के लिए
योगनिद्रा बन
विष्णु को अनंत सुलाया
अनंत समय लक्ष्मी उसके पैर चान्पती रहे
(हम देख-देख धन्य होते रहन)

ताकि विष्णु, पुरुष, असुर, मधु, कैटभ को मार सके
अंत में तुम्हें माया की संज्ञा देकर
अस्तित्वहीन कर दिया हमने।
तुम
तुमने तो सारा ब्रह्माण्ड अपने आँचल में समा रखा है
सदा वत्सल प्रकृति योगमाया
आँचल में पनाह में मर्दानगी कैसे दिखाई जा सकती है।
संस्कृतिक राष्ट्र की रक्षा के लिए योद्धा को कौन शिक्षित करेगा
कुरुक्षेत्र में माया का आवरण हटाने की लिए
योगिराज कृष्ण का उपदेश निरर्थक हो जायेगा।
हे योगमाया तुम आकाश में ही बनी रहो
यहाँ तुम्हें मिथ्या
मान कर
माया कह कर
जन्म से पहले ही कोख में ही आकाश पर उत्प्रेक्षित किया जाएगा।
आखिर कंस मामा हमारा कुल है
है तो अपना।
शंख-नगाड़ों के शोर में
तुम्हें पुरुष की आत्मिक शक्ति घोषित कर
तुम्हारे स्वतंत्र अस्तित्व को नकारा है।
मेरे सभी सम्बन्ध वास्तविकता संग हैं
वही मेरा आधार है
मैं अपने अस्तित्व को " मिथ्या", "माया", "भ्रम"
कह कर अपने संबंधों का अपनी यादों का अपमान नहीं करूँगा।
योगमाया तुम्हारे भाई ने

जिसके लिए तुम्हारी बलि चढ़ाई गई
उसने ही
तुम्हें “माया” बना कर
पहले से ही अस्तित्वहीन कर दिया था।

राज विद्या योग

सखा संजय
अकारण प्रश्न मन में
धुएँ सा उठता है
तुम्हारा मन भी धुन्धलाया होगा शायद
कुरुक्षेत्र-धर्मक्षेत्र में कृष्ण ने
धर्म वर्णन हेतु अर्जुन क्यों चुना
पाण्डव ज्येष्ठ तो युधिष्ठर था
स्वयम् धर्मराज
धर्मराज ने यक्ष बन कर
सभी पाण्डवों की परीक्षा ली थी
पानी से उठते
हवा में तिरते आकाश में व्याप्त
यक्ष प्रश्नों से धर्म का मर्म समझाया था
विशाल केंचुल में बद्ध धरती पर सरकते अपने पूर्वज नहुष को नीति-शास्त्र पढ़ाया था
(स्वयम् कहा था :-
"मैं धर्म हूँ। यश, सत्य, दम, सरलता, पवित्रता, अचंचलता, लज्जा, दान, तप मेरे अंग हैं।
समता, अहिंसा, शांति, करूणा
और ईर्ष्या रहित चित्त मुझ तक पहुँचने के उपकरण हैं।")
पाण्डव श्रेठ युधिष्ठर को
कृष्ण तुम संभवतय:
अपना वर्ण श्रेष्ठ ब्राह्मणवादी ब्रह्म

का कायल ना कर पाते
कृष्ण! तुमने तो कुरुक्षेत्र में असत्य-वदन से उसका रथ भी दो अंगुल नीचे धरती पर सरका दिया था
पाण्डव श्रेष्ठ युधिष्ठर
स्वयम् में सभी को देखने में प्रेम है
मानते थे वे
स्वयम् को सर्वव्याप्त देखना सच्चा प्रेम है
एक कुत्ते के लिए स्वर्ग के सुख को छोड़ा जा सकता था
जिस सुख के लिए ,कृष्ण ने अपने दर्शन के लिए,
संजय तुमने अपनी गीता के लिए अर्जुन को चुना।
अर्जुनोवाच
"कृष्ण तुम्हारा
ज्ञान विज्ञानम् की गुह्यतम पवित्रम् उत्तमम् प्रत्यक्ष
राज-विद्या, राज-ज्ञान मुझे कुछ-कुछ समझ आता है
परन्तु समझ नहीं आता
यह रहस्य क्यों है
कान में फुसफुसाया यह रहस्य वैयक्तिक क्यों?
ज्ञान तो सार्वजानिक होना चाहिए
ज्ञान साँझा ही होता है साँझा ही पनपता है
सभ्यता के परिष्कार के लिए
सर्वत्र होना चाहिए सीमा के अन्तर गिने बिना
तुम्हारी तरह कृष्ण, सर्वव्यापी
"*सर्वाणि भूतानि मत-स्थानी*"
तुम तो कहते हो यज्ञ तुम्हीं हो

सभी प्राणी का निर्वाह तुम्हीं हो
आहुति तुम्हीं हो
मेरे रोज़मर्रा के जीने मरने में तुम्हीं हो
और होम करता भी तुम्हीं हो
मैं भी हूँ वही जो तुम हो
मैं अपनी नियति स्वयम् बनाऊँगा
तुम्हारे होम में
और यज्ञ के अर्घ्य में सबका अधिकार रहेगा
फिर यह कुरुक्षेत्र क्यों" ?
पुनश्च
"कृष्ण यह तुमने क्या कह डाला.
मानव-वत्सल कृष्ण ! यह तुम्हारे वचन नहीं हो सकते
"माम् हि पार्थ व्यपाश्रित्य येऽपि स्युः पापयोनयः ।
स्त्रियो वैश्यास्तथा शूद्रास्तेऽपि यान्ति परां गतिम्[1] *।"*
"मानते हो तुम
नरक की कोख से देवकी यशोदा जन्म नहीं हो सकता
ना ही तुम्हारा
कामकेलि राधा नारकीय नहीं हो सकती
द्रौपदी के आत्मसम्मान के लिए, उसके प्रतोशोध के परिणाम के लिए,
सुभद्रा के लिए तुम ही दौड़े आये थे
रुक्मिणी को रथ में उड़नछू होने की फ़िराक़ में कितने योद्धा मार गिराए
थे तुमने
तुममें, तुम्हारी शरण में आये बिना भी उन्हें सम्पूर्ण जीने का अधिकार
वांछित है, सुरक्षित है

1.भ.गीता ९.३२

सुन्न है संस्कृति उनके बिना"।
" हे केशव !
तुमने मुझे परन्तप पुकारा है
मैं किसी को क्यों आहत करूँ
तुममें मैं हूँ
मैं हूँ सब का माता-पिता–पालनहार
सबका भाव और ज्ञान हूँ[2]
मैं क्यों किसी वैयक्तिक सत्ता के लिए
किसी अनजानी आदर्श विचारिकी के प्रचार के लिए
हिंसा से स्वयम् को
इस संसार को दूषित करूँ ?
नहीं कृष्ण नहीं
मैं गुह्य ज्ञान के स्थान पर
अपने बड़े भाई के धर्म की सहजता के साथ हूँ।"

बर्बरीक

हे बाल गोपाल !
अनंत नीर की बयार सी बहती लहरों में पीपल के
मेरी नीली रन्ध्रों के धारीधार पत्ते पर
अनायास बहते,
अपने पैरों का अंगूठा चूसते हुए कितने मोहक थे तुम
तुम्हें मैंने अपने दिल में अपने घर के अन्तरंग कोने में बसा लिए था
और स्वयम्भू उमड़ते प्यार में

2.भ.गीता ९. १६,१७

मैं प्रार्थनारत हो जाता था
प्रसन्न मन अश्वत्थ पत्र में
अपने विश्वासों में आश्वस्त।
आज कुरुक्षेत्र के धर्मक्षेत्र में
उसी अश्वस्थ पत्र को अपने पैर के नीचे छिपाकर
अनार्य वर्णी नागपुत्र को चुनौती दी है तुमने
भूल गए कि वह भी ब्रह्माण्ड के रहस्य जानता है
संजीवनी नागमणि धारक उलूपी का पौत्र
अष्ट देवता और अग्नि से तीन बाण का वरदान लेकर आया है।
माँ अहिलावती के वात्सल्य भरे अनुशासन में पले
बर्बरीक के बड़े होने में
अग्नि में
कुंदन बन तपने की तीन तीक्ष्णताएँ जी हैं उसने
शारीरिक, मानसिक, भावात्मक दैनिक जीवन की जद्दो-जेहद
दुर्बलताएँ पल-पल टूटना और अपने विश्वास पर जुड़ने के बाण
कृष्ण वे अपना लक्ष्य नहीं चूकेंगे
और तुम्हारे पैर को भेदकर तुम्हारे शरीर का सबसे भेद्य अंग बनायेंगे
गान्धारी का श्राप तो था
यही बर्बरीक का तुम्हारे पैर में खुंचा बाण तुम्हारा मारक बनेगा।
कितनी सुसंस्कृत सभ्य शिक्षा ले कर आया था बर्बरीक
(काश यह "अनार्य मानवीयता" तुम भी समझते)
माँ ने कहा था :-" पुत्र तुम्हारा पक्ष निर्बल का
तुम दुर्बल के संबल बनो
तुम हारे के सहारे बनो"।
पाण्डवों की विजय के लिए कृष्ण तुमने उसका वध किया

ब्राह्मण के छद्म वेश में
छल किया
अर्जुन के पौत्र को अनार्य होने के कारण
उसको बलि के लिए उकसाया
और कर्ण जैसी सरलता से
दान में उसने अपना सर काट कर तुम्हें दे दिया
पंगु, कृष्ण
माना तुमने उसे पंगु बना
कुरुक्षेत्र का युद्ध देखने के लिए अठ्ठारह दिन जीवन दिया
उसके बलिदान को हम आज भी नतमस्तक हैं
परन्तु कृष्ण तुमने अपने कृत्य पर प्रश्न-चिन्ह लगा लिया है
अपने मित्रों की राज्य लालसा को पूर्ण करने के लिए।
विडम्बना है उसने युद्ध में कोई महारथियों के
अंतरिक्ष थरथराते शस्त्र नहीं देखे
नहीं देखे विनाशक अस्त्र
नहीं सुने उसने दिल दहलाते शंखनाद
ना ही देखा उसने
लाखों निरीह सैनिकों का
धरती में बहता, लबलबाता ख़ून
उसने तो देखा सिर्फ़
तुम्हारा सुदर्शन चक्र
और तुम्हें कृष्ण।
तुम्हारे ब्रह्म के सम्मोहन के मोह जाल में
शरीर बिना मस्तक आज भी अन्तरिक्ष में बौराया है।

विभूति योग

विचित्र है तुम्हारी लीलामय कृष्णाई
अपनी ही विभूतियों की सूची
गिनवाते
तुम्हें संजय स्मृत है
गन्धर्वों में कृष्ण स्वयम् है चित्ररथ
ऋषि गालव के कहने पर
स्वयम् मधुसूदन कृष्ण
गन्धर्व का सिर काटने पर उतावले हो गए थे
(बाँसुरी बजाने वाले गोपाल गन्धर्व को संगीत को निष्प्राण करने को उतावले थे)
धर्म नीति का बोध करते कृष्ण
गालव वही था
जिसने अपनी ही पत्नी कुरुवंश की राजकुमारी माधवी को
तीन-तीन राजाओं को
काले कान वाले घोड़ों के लिए तीन-तीन बार बेचा
और चौथी बार गुरूदाक्षिणा में
अपने गुरू के आश्रम की खूँटी से बाँध आया था
ठीक वैसे ही जैसे उसके गुरू ने
उसके गले में पट्टा बाँध उसे गली-गली घुमाया था।
उसी गालव के लिए तुमने अपने ही सखा अर्जुन के साथ युद्ध किया
अर्जुन को कौटुम्बिक संबंधो से अलिप्त का ज्ञान देने वाले कृष्ण।
गालव के सम्बन्ध में अपनी बहन सुभद्रा की बात मान कर
अपने वचन को जाने दिया था

मैं प्रसन्न हूँ तुम कहीं मानव सम ग़लतियों के पुतले बने
कृष्ण आखिर मानवीय संबंधों में पसीजे थे।
अब मैं तुमसे जुड़ सकता हूँ
अर्जुन तो अपनी नृत्य संगीत के गुरू को बचा रहे थे
उसी भाव का ज्ञान का पोषण करना था तुम्हें माधव
अर्जुन कुरुक्षेत्र में अपने गुरूजनों के विरुद्ध नहीं
उनकी रक्षा के लिए युद्ध के लिए तैयार हो जाते
संभवतय: ॥
यह गुरू चित्रसेन था जिसने
द्वैतबन में दुर्योधन को बंदी बना लिया था
उसी सौतेले भाई के लिए लड़ा था अर्जुन अपने गुरू चित्रसेन से
ख़ून के सम्बन्ध ज्ञान और नीति से प्रबल हैं।
गन्धर्व चित्रसेन ने सिद्ध किया था
सभी मारक अस्त्रों से अधिक प्रबल है
सम्मोहक अस्त्र जिसके सामने समस्त कौरव
कौरवों के धनुर्धर
पाण्डव कर्ण भी अशक्त थे।
संजय तुम्हारे स्वामी धृतराष्ट्र ने तो मान लिया था
चित्रसेन के सम्मोहन के सामने कुरुक्षेत्र में
कौरवों की है निश्चित है हार
यही सम्मोहन है स्वयम् कृष्ण का हथियार
विभूति-आभा मण्डल से अर्जुन को मनवाने का।
अर्जुनोवाच

"माना तुम अजन्मे अनादी हो
परन्तु मेरे लिए
मर्यादित प्राणी के लिए
अपने श्रापित अवतार में केवल
देवकी की कोख से जन्मे एक व्यक्ति हो
अपने जामे में रहो सभी तुमसे प्यार करेंगे
प्यार इंसानी कमज़ोरियों से उमड़ता है
विभूतियों से तो केवल डर लगता है।
देवता से कोई कैसे करे प्यार
प्रभावित हो
मोहित हो कर सकता है पूजा
किसी बाँझ उम्मीद में॥
भूतभावन, भूतेश कृष्ण तुम गुनातीत हो और स्वयम् घोषित करते हो
मनुष्य के सभी गुण
"बुद्धि, ज्ञान, असम्मोहः, क्षमा, सच्चाई, दिलो-दिमाग़ पर संयम, ख़ुशी और
ग़म, जन्म और मरण, संत्रास और साहस, अहिंसा, धृति, तुषिता, तप,
दान, यश, अपयश"[1]
तुम्हारे ही हैं
सभी अवगुण भी तो तुम्हारे ही होंगे
दैत्यों में तुम प्रह्लाद हो
हिरण्यकाश्यपु भी तो श्रापित था सनकादि के अहम् का शिकार
राज्यधर्म से भिन्न वैचारिकी का राजद्रोही था प्रहलाद
और तुमने अकारण श्रापित हिरण्यकाश्यपु को अपने नाख़ूनों से नोच डाला

1. भ.गीता १० ४.५.

अति बर्बर था तुम्हारा व्यवहार"।
अर्जुनोवाच पुन:
"सखा कृष्ण तुम्हारी विभूतियों की सूची लम्बी है
मुझे पता है
तुम परम ब्रह्म, परम, परमावास हो
शुद्ध, संपूर्ण, सत्य और अनन्त दिव्य व्यक्ति हो
मानता हूँ
तुम आदि, पारमार्थिक और अतीन्द्रिय के मूल हो, अजन्मे और सर्वव्यापी
आखिर देवर्षि नारद, असिता, देवला, ऋषियों व्यास
तुम्हारी महानता की स्तुतिगान गा रहे हैं
अब तुम स्वयम् इसे मेरे लिए यह सब घोषित कर रहे हो।[2].
अकारण है सब अब।
तुम इंद्र हो
गोपालक तुम गोवर्धन पर्वत के छत्र उठाते
धरती पर पानी बरसाते इंद्र से लड़े थे
बढ़ती कृषि सभ्यता से अपनी चारागाही गोपालक रहन-सहन को बचाते
हुए
यह वही कंदर्प है जिसका शिव ने दहन किया था।
"*कीर्ति: श्रीर्वाक्च नारीणां स्मृतिर्मेधा धृति: क्षमा*"[3]
अजन्मे कृष्ण तुम स्त्री-पुरुष भेद से परे हो
कोई भी गुण-अवगुण स्त्री प्रयोज्य हो उसे मर्यादित करे
स्वीकार्य नहीं मुझे
यह युद्ध का कारण तुम भी जानते हो

2. भ. गीता १०.१२.१३ 3. भ.गीता १०.३४

बदनाम यज्ञकर्ता ब्राह्मण भाई वाज, उपवाज द्वारा
सपन्न यज्ञ से अवतरित कृष्णा द्रौपदी भी तो है।
तुम्हारी विभूति सूची में कोई भी नारी पात्र नहीं है।
ब्रह्म कृष्ण!
जब तुम ही कर्ता हो तुम्हीं कृत्य
तुम्हीं काल तुम्हीं स्थान
तब यह जाति धर्म की चर्चा है
व्यर्थ
तुम जानते हो तुम्हारे वचनों से नहीं
केवल तुम्हारे सम्मोहन में
तुम्हारी नियत की नियति में
मैं लड़ूँगा"।

विश्वरूप दर्शन योग

महाभारत के युद्ध का वर्णन भूल कर
युद्धभूमि पाशविक धरातल भूल
तुम संजय
कृष्ण की अध्यात्मिक ब्रह्माण्डिकी
में खो गए थे
स्वामी की आज्ञा को भूल अपना कर्म भूल गए थे
तुम्हारा प्रतिपालक वेदव्यास के शब्द भी भूल गए थे
जिनको लिखते समय एकदंत की कलम भी विचलित हुई होगी
सुनो संजय
तुम्हारे गुरू-वर्णित एक योद्धा यूपध्वज की पत्नी का विलाप
जो तुम्हारी अध्यात्म भक्ति से अधिक गार्मिक है, वास्तविक है।
"पतली कमर वाली यूपध्वज की पत्नी मृत पति की कटी बाँहें अपनी गोद में सहला"
कृष्ण को कह रही है
"यह वही हाथ है, जिसने युद्ध में अनेक शूरवीरों का वध, मित्रों का अभयदान, सहस्त्रों गोदान तथा क्षत्रियों का संहार किया है
यह वही हाथ है, जो हमारी करधनी को खींच लेता, उभरे हुए स्तनों का मर्दन करता
नाभि, उरू और जघन प्रदेश का छूता
और निभि का बन्दन सरका दिया करता था"।
ऐन्द्रिक सुख की स्मृति में तुम्हारी अतीन्द्रिय श्रुति अप्रासंगिक है।
पुन: बिलखती है
"मेरे पति समराँगन में अन्य योद्धा से युद्ध में संलग्न के समय कुछ क्षण

कृष्ण के रथ पर सवार अर्जुन से असावधान क्या हुए
और महाधनुर्धारी ने उनकी बलिष्ठ बाँहें काट दीं
कृष्ण तुम किरीटाधारी अर्जुन की इस जघन्य कार्य की चर्चा किस मुँह से करोगे ?"
संजय ज़िक्र करो उनका भी
महाधनुर्धर, महारथियों के जिनके शरीर
सियार, कंक और नाना प्रकार के माँसभक्षी जीव-जन्तु इधर-उधर खींच रहे हैं
पवित्र शंखों के विजयी घोष को कर्कश बनाते हुए ॥
जानो संजय इंसान के ख़ून से धरती कभी हरी नहीं होती
ख़ून से धरती की बाँझ कोख कभी नहीं भरती
विजय और पराजय हो
मनुष्य की मृत्यु का दुःख दोनों में एक समान है
सुनो संजय
तुमने कृष्ण को भी कहा होता
युद्ध अपने में एक समस्या है
युद्ध कोई समस्या का हल नहीं बन सकता।
अर्जुनोवाच
"तुम्हारा प्रदत्त सम्मोहन मन्त्र की दिव्या दृष्टि से, सहस्रों नयनों से
मैंने समुंदर के प्राप्त रत्नों से भी बहुरंगी तुम्हारा ऐश्वर्यवान स्वरूप देखा है
तुम्हारी प्रदत्त दृष्टि से मैंने तुम्हारा रहस्यमयी अध्यात्मिक सामर्थ्य देखा है
देखते ही केशव, मैं हतप्रभ हो गया हूँ!
मेरे दिलो-दिमाग़ में केवल तुम और तुम्हारा प्रकाश का आवरण है

मैं इस आवरण से बाहर निकल
किसी शाम जैसे शांत धुंधलके में
युद्ध की पान्त में खड़े अपने भाई, मित्र और गुरू को देखना चाहता हूँ
उनसे जुड़ना चाहता हूँ
इस चुंधियाती तुम्हारी रौशनी में
मैं तक़रीबन अँधा हूँ।
केशव तुमने ही कहा है सभी आवरण
सभी अवगुंठन माया हैं, मिथ्या हैं।
सर्वव्यापी विष्णु तुम्हारे प्रकाशवंत रंग
आकाश को आच्छादित कर रहे हैं।
मेरे उड़ने की जगह मुझे नज़र नहीं आ रही
मैं डर गया हूँ[1]
मेरा संतुलन खो गया है
तुम स्थितप्रज्ञ होने की बात करते हो
हे स्वामियों के स्वामी मेरे सारथी
तुम स्वयम् को जगत शरणागत कहते हो
मुझ पर हल्का सा अनुग्रह करो
मैं स्वयम् को इस प्रकार असंतुलित नहीं देख सकता
नहीं देख सकता तुम्हारे राक्षसीय धधकते मौत के चेहरे में
किटकिटाते और भयानक दाँत
सभी दिशाओं में मैं हतप्रभ हूँ[2]।
मैं देख रहा हूँ
क्षितिजों से भी चौड़े मुँह में दाँतों से कुचले जा रहे
धृतराष्ट्र के पुत्र उनके मित्र-राज्यों के राजाधिराज
भीष्ण भीष्म गुरू द्रोण धनुर्धर वैकर्ण कर्ण
अक्षौणियाँ तुम्हारे मुँह में पवन वेग से गिरती हुई

1. भ.गीता ११.२४ 2.भ.गीता ११.२५ 3. भ.गीता ११.२६,२७

और तुम्हारे विकराल मुँह में दाँतों में कुचलती हुई[3]
कृष्ण यह दृश्य विद्रूप है
वीभत्स है
मेरा ज्ञान विद्रूपता से नहीं जन्म सकता, हे कृष्ण !
तुम जानते थे कृष्ण
दोनों सेनाओं के सैनिक मारे जाएँगे
हम पाण्डव के सिवाय कोई ना बचेगा
अपनी रक्षा के लिए
मैं सब के संहार का उत्तरदायी बनू
मुझे स्वीकार नहीं
यह धर्म नहीं है क्षात्र का जाति का
किंवा कुल का, देश का, धर्म का, मानव का।
रक्त मेरा हो कि पराया
रक्त तो मनु पुत्र का है
तुम्हारे सरंक्षण में आये मनुष्य का है
हे जगत के पालनहार विष्णु तुम अपने ही शरण में आये
मनु पुत्रों की मृत्यु का निमित्त बनोगे
प्रेरक बनोगे!
याद करो कृष्ण राजा शिबी का धर्म
शरणार्थी कपोत के लिए उस ने अपने ही शरीर का माँस
तुम्हारे देवता इंद्र और अग्नि को दिया था।
तुम काल भी हो
मैं मानता हूँ परन्तु जहाँ तक हो सके मुझे
जीवन को जीने की मिली मोहलत में
मुझे काल ना होने दो"।

3. भ.गीता ११.२६,२७

भक्ति योग

राजनायक संजय तुम्हारे भक्ति के सूत्र
द्रौपदी की साड़ी से भी अनंत हैं
मुझे कोई लज्जा का आवरण नहीं चाहिए
तुम्हारे कृष्ण ही कहते हैं
आवरण माया है मिथ्या है
मेरी भक्ति निशंक श्रद्धा प्रश्न-रहित आस्था
सम्पूर्ण समर्पण किसी व्यक्ति किसी शक्ति
पर नहीं हो सकती
मेरी श्रद्धा किसी मायावी सम्मोहन पर नहीं हो सकती
मेरी श्रद्धा कुंदन है जीवन का तपना-गलना
प्यार की तपन भट्टी में अपनों से आहत हो पीड़ा में गलना-निखरना
प्यार और संबंधों को और गाढ़ा करते हुए
अनजान राहों पर साहस करते हुए हारना-जीतना
श्रद्धा-आस्था को जन्माते हुए।
भक्ति का विचार आते ही देवलोक का
यायावर नारद अनायास याद आ जाता
बचपन में तम्बूरा लटकाए कहीं भी बिना खटके पहुँचने का आनंद
ऐन्टेना की शिखा लिए किसी भी देव-रहस्य के प्रसारण के लालायित
नारद बहुत भाता था।
गिटार लटकाए यायावरी जीवन का बिंदासपन
युवा मन को कसमसाता था।
नारद तुम तो हर देव को समाचार देकर आगाह कर देते थे
कारण भी बनते थे

और उनमें शत्रुता और पारस्परिक युद्ध का
नारद तुम ही तो थे जिसने युधिष्ठिर को राजसूय यज्ञ सुझाया था
दुर्योधन को बुलवाया था
संजय सुना है मायावी महल में वह अँधे का जेठा
माया से हो आक्रांत
शरीर, दिमाग़ और मन से हो गया था आहत
और पाण्डवों से प्रतिशोध भाव प्रबलतर
नारद तुमने तो सभी देवताओं को
अपने तप से जीत लिया था
शिव के बाद तुम्हीं थे पंचशर-काम को जीतने वाले
जिसका सम्पूर्ण श्रेय तुमने अपने श्रद्धेय नारायण को दिया था
उसी नारायण ने तुम्हें श्रीमती के स्वयम्वर में बन्दर बना कर
सभी का हंसी का पात्र बनाया था
तुम्हारी हरि-श्रद्धा की इस मूर्खता पर मैं भी हंसा था।
नारद मेरे प्रिय पात्र, प्रिय सखा आभारी हूँ तुम्हारा
कृष्ण के योगमयी भक्ति की गुंजलों से दूर
तुमने भक्ति को सर्व-सरल बना दिया
श्रवण का मनोयोग
कीर्तन की लय में तीर्थ-स्नान में भीड़ की लहर के साथ
मेरे संशय सब तिरोहित हो जाते हैं
कहीं मैं रोज़मर्रा की ऊब पीछे छोड़ देता हूँ
स्मरण का रसास्वादन, अर्चना का सौन्दर्य की प्रकाशिकी में
स्वयम् को समर्पित कर देता हूँ
और वंदना में स्वयम् का ध्यान कहाँ!

दास्य मैं नहीं मानता मेरी अस्मिता का नगण्यकरण है
साख्य
मेरा तुमसे संजय और कृष्ण ही आनंद है
इस अंतरंगता में
आत्म-निवेदन अनावश्यक असम्बद्ध है॥
अर्जुनोवाच
"मेरे ज्ञानी कृष्ण तुमने भक्ति में भी
वर्ण की तरह वर्ग बना दिए हैं
आर्त को शूद्र और ज्ञानी को ब्राह्मण
मैं तो संभवतया तुम्हारे
अर्थार्थी में गिना जाऊँगा
अर्थ के साथ भक्ति तुम्हारे ही
ज्ञानानुसार भक्ति कहाँ रही ?
(प्यार की तरह भक्ति भी बेसबब होनी चाहिए)
मैं चाहता हूँ जिज्ञासु ही बना रहूँ [1]
और तुमसे प्रश्न करता हूँ
परन्तु हे कृष्ण !
प्रश्नकर्ता को तुम भक्त नहीं मानोगे।
कृष्ण तुमने स्वयम् पूर्ण रूप से अव्यक्त
अनिर्वचनीय अपरिवर्तनीय, स्थिर और नित
अशरीरी रूपातीत गुनातीत की उपासना की हिदायत दी है
मेरा ज्ञान इन्द्रीय-ग्राहिता है मर्यदिता
तुम चाहते हो स्त्री की कोख से जन्मा मनुष्य
इंद्रियों की धारणा से परे

1.भ.गीता १२. ७

तुम्हारे इस सर्व-व्याप्त के पूर्ण सत्य का अवैयक्तिक गर्भाधान करे[2]
कृष्ण सखा मैं धरतीवासी नहीं जानता तुम्हारी ब्रहमाण्डीय बातें
शायद इसलिए तुमने कहा कि
हम तुम्हारे रूप से सम्मोहित रहें
और तुममें ज्ञानातीत आस्था रखें
ज्ञान से परे तो अतार्किक सम्मोहन है।
तुम पुनः कहते हो
यदि यह भी संभव नहीं तो अपने सभी कर्म मुझको सौंप दो
अपने में स्थित रहो *"यतात्वमान"*
आसान नहीं
तुम्हें प्रिय होने की शर्तें कड़ी हैं –
तुम्हें चाहिए ऐसा भक्त
ईर्ष्या, अहंकार, असत्य से मुक्त
स्वयम् की किसी धरती-खंड का
किसी प्राणी का स्वामी ना समझता हो
सकल जीवित प्राणियों का दयावान मित्र
ऐसा भक्त
सहिष्णु संतुष्ट, आत्म-नियंत्रित, और दृढ़ निश्चयी
जो ख़ुशी और संकट दोनों में समान रहता हो
कृष्ण स्वीकारो प्यार में कोई शर्तें नहीं होती
मानव है मानव रहेगा ईर्ष्या, क्रोध, मोह आदि जीवन का रस है
तुम्हारा स्थित प्रज्ञा व्यक्ति का स्थान
परिवार में नहीं, समाज में नहीं
हाँ हिमालय की किसी कन्दरा में होगा।

2. भ.गीता १२.३,४

तुम्हें ऐसे भक्त प्रिय हैं
उनका मन और बुद्धि तुम पर टिकी हो।
यह महाभारत
धृतराष्ट्र का नैतिक अँधापन कथित अन्याय भावना न्यायसंगत है
स्वाभाविक है
उसके इस विकृत व्यक्तित्व का आधार है अपने वीर्य-अमरत्व से प्यार
प्रत्येक व्यक्ति अपनी संतान में अपना अमरत्व ढूँढता है
जिसे तुम कृष्ण-मोक्ष कहते हो
सामान्य है मानवीय है
दुर्योधन की त्रुटिपूर्ण परवरिश ईर्ष्या, घृणा और अहंकार भरा अधिकार,
शकुनि का द्वेष
देवव्रत की अपनी भीष्म शपथ आत्ममोही जुनून,
स्वयम् के सैन्य कौशल में विश्वास कर्ण का आत्मघाती जनून
द्रौपदी की कौरवों के प्रति ना बुझने वाली नफ़रत की आग
द्रोण द्रुपद का परस्पारिक द्वेष
एवम्
धर्मवादी भारत की तुम्हारी कृष्ण-दृष्टि
जो अपने को बढ़ावा देते उग्रवादी तानाशाहों से बचाना चाहती है
कृष्ण तुम भी तो मानव रहने के लिए श्रापित हो"।
कृष्ण तुम भूल गए हर याम मनुष्य योनि में हो
अपने श्राप की अवधि पूरी करने के लिए है केवल
फिर यह आत्मश्लाघा क्यों?
तुमने अपनी आत्मघाती प्रभुता प्रकाशित कर

अपने ही कुल का नाश करवा डाला
तुम्हारे ही पूर्वज अक्रूर और आहुक से उत्पन्न हुई
यह कष्टदायिनी आपत्ति जो तुम्हारी झोली में गिरी थी
आभ्यन्तर है और अपनी ही करतूतों से प्रकट हुई है
मुझे ऐसी प्रभुता नहीं चाहिए
अपने जाति-भाइयों, कुटुम्बी-जनों को अपना दास बनाना नहीं चहता।
मैं अपने ही कुल का कुलनाशी बनना नहीं चाहता।
तुम प्रभु बनो सबके लिए
उन्हें दास बनाए बिना
कृष्ण मेरे लिए केवल सखा बने रहो
भक्ति पूजा अर्चना के लिए बहुत समय अभी बाक़ी है।
वैसे मुझे नारद का स्वांग रचाने में आनंद है।"

प्रकृति पुरुष विवेक योग

बाँवरी थी मीरा
उसे दृष्ट था सृष्टि में केवल एक ही पुरुष
कृष्ण ! शेष सब प्रकृति है, नारी है। बाँवरी थी मीरा
वृन्दावन की कुञ्ज गलियन
चारों दिशाओं में एक पुरुष था केवल एक
वे तुम थे
फूलों का रस चूसते भँवरे में भी मदहोश गोपियों को
कृष्ण तुम्हीं नज़र आ रहे थे
तुम सम कृष्ण काले भँवरे भी है कृष्ण सम
बे-ईमान
ब्रजवासिन सौतनों के वक्षःस्थल में मसली हुई है कृष्ण की वनमाला
का भँवरे की मूँछे लगा पीला-पीला पराग-कुंकुम
है इसका प्रमाण
भँवरा किसी फूल का नहीं हुआ
कृष्ण गोपन का उलाहना है
तुम भी किसी के नहीं हुए
स्वयम् को आदि और अंतिम पुरुष मानने वाले हृषिकेश !
सूतपुत्र संजय
याद करो तुम्हारे मुरारी का
उसकी अपनी ही माता भूदेवी के पुत्र नरकासुर वध
जिसकी सोलह हज़ार स्त्रियों का अन्तःपुर
विजय-पुरुस्कार नए नरेश द्वारकाधीश को मिला था
समय का व्यवहार था

विजय का उपहार था
परन्तु
भूल गया था मुरारी
स्त्री के सम्मान की रक्षा उसका पति होने में नहीं है
स्त्री स्वयम् सम्पूर्ण इकाई है
प्रकृति है जिसके अस्तित्व का आधार
पुरुष है ही नहीं।
भूल गये थे कृष्ण तुम
तुम जानते थे
सत्यभामा के बिना
तुम अकेले नरकासुर को मार नहीं सकते थे
सत्यभामा तुम्हारी सारथी बनी थी।
नरकासुर से स्त्री की मुक्ति सत्यभामा ने तो की थी
परन्तु तुमने उन्हें अपने पतित्व में उन्हें पुन: बंदी बना दिया।
उसी प्रकृति को नगण्य बना रहे हो कृष्ण तुम
अर्जुन को धर्मक्षेत्र में शिक्षा देते हुए।
सुनते हैं
वेदगर्भ विष्णु ने
ज्ञानी कृष्ण तुमने
सांख्य दर्शन विकिर्णन के लिए
ज्ञान से मनुपुत्रों को मुक्त करने के लिए
तुमने रचा था भव्य कौतुक
कपिल ऋषि की तेजोमय दृष्टि
साथ हज़ार सागर पुत्रों का हनन
कारण बना गंगा का अवतरण।

उसी गंगापुत्र ने कृष्ण तुमसे पहले
कपिल मुनि के दर्शन को
ज्ञान एवम् अनुभव जनित कारणों की धारणाओं को सच माना था
इस भौतिकता में व्यापत है शुभता
सूर्य की किरणों या अंतरिक्ष में शरण लेने वाली पवन की तरह
मुक्ति की पराकाष्ठा की प्रतीति।
अर्जुनोवाच
"सखा कृष्ण पितामह के राजसी एहसास पुन: क्यों दोहराओगे
सांख्य का ज्ञान तो तुम पहले भी मुझे गिना चुके हो
तब भी मुझे प्रकृति की गौणता और पुरुष का वर्चस्व स्वीकार नहीं था
द्रौपदी के अटल विश्वास में मेरी अर्पित स्थिरता
चित्रांगदा संग गाण्डीव साधते मुझे कँधे झुकाने पर विवश करना
इसी गाण्डीव के अपमान के लिए
मैं अपने ज्येष्ठ भाई और राजा युधिष्ठर को मारने का प्रण कर बैठा था
यह सुभद्रा की कोख थी जिसने चक्रव्यूह
को भेदा था
लाक्षागृह में हमारा संबल थी माँ कुंती
यह सब मेरी चेतना थी
तुम्हारी पुरुषीय चेतना का मैं क़ायल नहीं हूँ।
चेतना का सच तत्वों की जड़ता नहीं है
जड़ता का प्रमाण नहीं है
तत्व स्वयम् में पूर्ण हैं जीवन हैं।
जब उत्पादन के उपादान प्रकृति के है
तब भगवान तुम भी अनावश्यक हो।
कृष्ण ! अपनी विभूतियाँ गिनाते तुमने कहा था मुनि कपिल तो तुम्हीं हो

अपनी माता देवहूति के चरणों में बैठ कहता है कपिल
'सृष्टि की उत्पत्ति का कोई ईश्वर नहीं
सृष्टि विकासात्मक प्रक्रिया है
तत्वों का रासायनिक प्रेम है।'
और कृष्ण तुम स्वयम् को इसका कारण बताते हो प्रथम और अंतिम
सिर्फ़ स्वयम् को ही पुरुष मानते हो
मानो कृष्ण अनेक कारण है अनेक कार्य
अनेक प्रक्रियाएँ और अनेक पुरुष
बाहुल्य का बहुरंगी उत्सव मानाने के लिए"।
"*अमानित्वमदम्भित्वमहिंसा क्षान्तिरार्जवम्*"
"सांस्कृतिक विकास के "*अमान्तित्वम्*" आडम्बर रहित अहंकार रहित
जीवन के मूल्य
स्वीकार हैं मुझे
तुम्हीं कहते को अहिंसा क्षान्ति आर्जवम् शौचम् स्थिर्यम् जीवन में अपनाने
योग्य है
अपितु तुम मुझे हिंसा के लिए प्रेरित कर रहे हो अस्वीकार है मुझे
कुछ मायनों में
मैं इन्द्रिय आत्म विनिग्रह वैराग्यम् भी स्वीकार करता हूँ
तभी तक जब तक
यह मेरी मानवीय संवेदनाएँ ना मुझसे छीन ले।
मानता हूँ मानव संवेदनाएँ ज़ख़्म देती हैं
यही ज़ख़्म मेरी धरोहर हैं।
तुम्हीं मानते हो इन्हीं भाव इन्हीं संस्कार[1]
का परस्पर घर्षण का दर्पण है संसार

1. भ.गीता १३.६,७.

मुझे इस संसार से प्यार है
मैं इस से मुक्त होना नहीं सोचता"।
"कार्यकारणकर्तृत्वे हेतुः प्रकृतिरुच्यते।
पुरुषः सुखदुःखानाम् भोक्तृत्वे हेतुरुच्यते॥"[2]
"सृष्टि रचने में भौतिक शक्ति कार्य कारण श्रृंखला बनाती है
सुख-दुःख में जकड़ती है
यही संसार है
इन सब का उत्तरदायी मैं हूँ
मैं किसी शरीर के कोने में दुबकी आत्मा में बैठे किसी ईश्वर
अथवा अनजान ब्रह्म को दोष नहीं दूँगा
संसार है मेरा है।
कृष्ण मुरारी मुक्ति मानव की फ़ितरत है
भौतिक जीवन को गतिशील करती है शरीर में, मानस में बसी चेतना
वैयक्तिक मोक्ष के लिए नहीं लोक-कल्याण के लिए होनी चाहिए
जिस आत्मा का सम्बन्ध मेरे शरीर से ना हो
बाँझ है वह
ऐसा सूर्य जो मेरे दरीचों से ना झाँके वह मेरे किसी काम का नहीं"।

2. भ.गीता १३.२१

गुण-त्रय विभाग योग

प्रकृति-पुरुष की छुआ-छुअन
में उत्पन्न मन
बहुरंगी वैविध्य से भरता
सकल प्राणी, सकल सृष्टि में त्रिगुण
सच कहूँ सूतपुत्र संजय यह गुण प्राकृतिक हैं
मैं कहूँ अनुवांशिक हैं
हज़ारों सदियाँ गुनगुनाती हैं इनमें
(तुम्हारे कर्कश कुरुक्षेत्र के शंखनाद नहीं)
सभी गुण
तुम्हारे कृष्ण के सत्त्व रजस-तमस
सभी एक साथ, एक ही स्तर पर खड़े हैं
कोई छोटा नहीं ना ही कोई क्षुद्र
ना ही कोई भद्र
सभी हैं स्वयम् में सम्पूर्ण
प्रकृति-पुरुष की छुआ-छुअन
गुण
बना मेरा अहम् अस्तित्व।
सच कहूँ संजय
मुझे सफेद दाढ़ी का चार मुँह वाला सात्विक ब्रह्मा
हमेशा से ही 'बोरिंग' लगा था
और ब्रह्मा के पाँचवे सिर को त्रिशूल से अलग करने वाला
तामसिक शिव का उत्तेजना से परिपूर्ण क्रियाकलाप
ब्रह्म-हत्या के श्राप से शिव ऋषि पत्नियों के बीच भिक्षाटन करता रहा

और सकल सृष्टि रचता रहा
उसके लिंगम् की ऊँचाई ना माप सका ब्रह्मा
ना माप सका गहराई तुम्हारा राजसिक विष्णु।
अर्जुनोवाच
"राजसिक कृष्ण तुम्हारे कहने पर किये राजसिक कृत
तुम पर हम पाण्डवों पर श्राप का ही बुलावा था
खाण्डव वन दहन में नागों का समस्त कुरुकुल पर श्राप
राजसूय यज्ञ में दुर्योधन का दर्प-भंग और कुरुक्षेत्र संहार के विष बीज
वहीं तुमने ही अपने कुल-भाई शिशुपाल का वध किया था
जरासंध-वध के तुम्हीं प्रेरक थे
भीम को उकसाने वाले तुम कृष्ण
अपने प्रतिशोध के लिए
जरासंध के मित्र कालयवन से तुम्हीं युद्ध मैदान छोड़ कर भागे थे
समुद्र के गर्भ में
तुम्हारे कहने पर किये अश्वमेध में
अपने ही पुत्र द्वारा मेरी मृत्यु हुई थी
कृष्ण यह वही राजसिक कृत्य है
जिसे एक नेवले ने भी एक ग़रीब भूखे ब्राहमण के अन्नदान से नीचा माना।
किसे नहीं पता सभी ने जाना
अश्वमेध की विजय पताका के घोष से
कहीं बड़ा है किसी भूखे की भूख मिटाना।
तुम्हारे कहने पर किया यह कुरुक्षेत्र केवल सर्वनाश है
हम सब पर सबसे बड़ा श्राप।
कृष्ण यह कौन सा

राजधर्म है
धर्मराज का जुआँ खेलना
अपने भाइयों को दाँव पर लगाना
अपनी कुल मर्यादा को
अपने पत्नी को दाँव पर लगाना।
धर्मराज सात्विक युधिष्ठर को राजसिक बना रहे थे
कंक बन अपना अस्तित्व छुपा रहा था युधिष्ठर
विराट के दरबार में।"
अर्जुनोवाच
"तुम कहते हो सत्त्व ज्ञान से जुड़ा रजो गुण, कर्म से
तमो गुण ज्ञान पर परछाई है"
"सत्वम् सुखे सञ्जयति रज: कर्मणि भारत।
ज्ञानमावृत्य तु तम: प्रमादे सञ्जयत्युत॥"[1]
"कृष्ण मैं इस परछाई में सुखद हूँ
मेरे पिता इंद्र में
मैं उनके साथ हूँ।
मैं मानता हूँ कि मेरा कोई भी कर्म
तुम्हारे अनुसार क्षात्रधर्म का रजस होगा और
मुझे उससे कोई मोह नहीं
उससे मैं निर्लिप्त हूँ
और तुम्हारे बताये मोक्ष का हक़दार
पर मुझे तुम्हारे मोक्ष से भी कोई लेना-देना नहीं
मैं इस धरती पर अपने कुल में, मित्रों में, अपने गुरूजनो में प्रसन्न हूँ
मुक्त हूँ इस कुरुक्षेत्र के बाहर बहती हवा में।

1. भ.गीता १४.९

रजस अंत:कारण की मोहिनी है
(जो शायद तुम हो)
मैं उसकी आसक्ति में मुक्त हूँ।
सभी गुण अनुवाषिक नैसर्गिक हैं एक समान
नहीं मानता मैं इनका पदानुक्रम
इन गुणों का मोहक भ्रम।"
"ऊर्ध्वम् गच्छन्ति सत्वस्था मध्ये तिष्ठन्ति राजसा:।
जघन्यगुणवृत्तिस्था अधो गच्छन्ति तामसा:।"[2]
याद करो तमोगुणी कृत कर रह रहा व्याध
याद करो तमोगुणी कृत कर रहा क़साई
जिसने तुम्हारी तरह ब्राह्मण को मोक्ष का रास्ता दिखाया।
याद करो कृष्ण तुम स्वयम् कितनी बार तमोगुणी बने
अपने लीला संसार में
इन गुणों के तिरंगे में।"

2. भ.गीता १४.१८

पुरुषोत्तम योग

सूतपुत्र संजय
प्रथम से ही तुम तो समर्पित हो
कृष्ण पुरुषोत्तम को
तुम्हारा समर्पण तुम्हारा मोक्ष होता
तुम जो बच निकले थे कुरुक्षेत्र के संहार से
परन्तु
अपने ही स्वामी धृतराष्ट्र के साथ
जंगल की आग में अंतत: भस्म हो गये
सच बताओ सर्वज्ञानी संजय
नीति से अँधे स्वामी की स्वामी-भक्ति
पुरुषोत्तम समर्पण एक सामान है !
याद करो संजय बालक सुधन्वा को
कृष्ण दर्शन के लिए वह अर्जुन से भिड़ गया था
अर्जुन का प्रण था
तीन बाणों में सुधन्वा को मार गिराएगा
पहला बाण अग्नि का, सुधन्वा ने कृष्णास्था के बाण से चूर कर दिया
दूसरा बाण वायु का
पुन: सुधन्वा ने कृष्णास्था के बाण से चूर कर दिया
तीसरा बाण सभी देवताओं का
सुधन्वा ने पुन: उसे दो टुकड़ों में बाँट दिया।
कृष्ण यह तुम्हारा अर्जुन के प्रति अतिशय मोह था
तुम्हारी जादुई माया थी
तुमने उस टूटे बाण की नोक से सुधन्वा का सिर धड़ से अलग कर दिया

और उसे अपनी गोद में उठा लिया
कहते हैं उसे अपनी इच्छानुसार मोक्ष मिला।
संजय पुरुषोत्तम से पूछो
मोक्ष के तिलिस्म से एक बालक के मन में बसाना
उसकी बलि चढ़ाना
मनुष्य के प्रति, धर्म के प्रति
जीवन के प्रति
पुरुषोत्तम के प्रति द्रोह है।
कृष्ण पर प्रश्न चिन्ह है
धर्म सम्मोहन से नहीं
किसी चमत्कार से नहीं
अनुभव जन्य भावना की धारणा है।
अनुभूति की प्रार्थना है।
संजय इस महाभारत के संहार का बीज था
तुम्हारे गुरू वेदव्यास का पिता
महामुनि वशिष्ठ का पौत्र लंगड़ा बूढ़ा ऋषि पराशर
ऋषि हो कर भूल गया "चितवृत्ति निरोध" सूत्र
परमात्मा को पाने का पथ
वेदत्रय से अथर्ववेद जोड़ा था ऋषि पराशर ने
भौतिकी आत्मा के साथ शरीर का भी महत्व पहचाना
महाज्ञान था
परन्तु अशक्त था ज्ञान शरीर की अथर्व पुकार के समक्ष
निर्धन, निर्बल किशोरी मत्स्य कन्या से सम्भोग से उत्पन्न कृष्ण द्वैपायन
(आश्चर्य नहीं भेड़िया के झुण्ड के शिकार बने पराशर)
कृष्ण द्वैपायन संभवतया अपनी माँ का आग्रह टाल ना सके

अम्बिका, अम्बालिका से उत्पन्न हुए अँधे धृतराष्ट्र और रोगी पाण्डु।
ऋषिकुल ने भयानक महाभारत रचा।
संजय तुम श्रापित हो इन ऋषियों से
जिसने तुम्हें संहार देखने की दिव्य दृष्टि दी।
संजय कृष्ण के इन्द्रीय-निरोध गीता सार्थक है शायद।
अर्जुनोवाच
"पुरुषों में उत्तम
परम
उलटे वृक्ष का अतीतिन्द्रीय कौतुक
मेरे मन की कमान पर चड़े गाण्डीव के तीर की नोंक से भेद नहीं पाता मैं
कृष्ण सखा
एक सीधा वृक्ष मेरे अन्दर है
उसकी जड़ें, धरती के नीचे पाताल में नाग कन्याएँ प्राण फूँकती मणियों
से खेलती हैं
(उलूपी, मैं जन्मों से कृतज्ञ हूँ तुम्हारा
अपनी प्रकाशवंत मणि द्वारा तुमने मुझे पुन: जीवन दिया था
कृष्ण तुम्हारे ज्ञान से मैं द्विज बनूँ ना बनूँ)
उसकी माँसलपाश का स्मरण मुझे यूँही मदहोश कर देती है
तुम्हारे ज्ञान के शब्द केवल एक ध्वनि है भँवरे की एकरसी गूँज
मेरे धड़ में उसका थड़ मेरी धरती है
मेरे अपने पसीने से सींची सदा फलद्रुप
मेरे पिता इंद्र ने मुझे कभी पानी की कमी होने नहीं दी
तुम उनसे कृष्ण गोवर्धन की छतरी बनाने में जूझ चुके हो
फिर भी मेरी ज़मीन तुम्हारी नहीं
मेरे पिता की प्रतीक्षा में रहती है

इस वृक्ष के तने मेरे इरादों की तरह, इच्छाओं की तरह आसमान भेदते हैं
मैं तुम्हारे उलटे पेड़ के झाँसे में क्यों आऊँ
अक्षय अश्वस्थ उल्टा पड़ा है इसकी जड़ें आसमान की ओर हैं और शाखाएँ
धरती के अन्दर, माना
आभारी हूँ कृष्ण तुम्हारा
उनके पत्ते, वेदों की ऋचायें हैं
धरती के ऊपर इनका नाद गूँजता है
और मैं सभी देवता अग्नि, वायु अपने पिता के समीप पहुँच जाता हूँ
वैसे भी मैंने बरगद के पेड़ को अपनी शाखाएँ धरती की ओर सम्मुख हो
जड़ें बनाते देखा है
सृष्टि का अविरत क्रम बनाते हुए
और मैं इस कौतुक में होंठों में ऊँगली दबा लेता हूँ
और अपने पोते-पोतियों की याद में कुछ क्षण मोहित
जी लेता हूँ
मेरे बड़े भाई ने यक्ष को बताया था
संसार का सबसे बड़ा आश्चर्य है मृत्यु की अनिवार्यता का अस्वीकार
कृष्ण मानो इस आश्चर्य की सुखद सिहरन
तुम्हारे विश्वरूप कौतुक और सम्मोहन से कहीं अधिक
हर पल मरने से पहले जीने के लिए प्रेरित करती है
मेरा अमरत्व मेरी संतान में है, मेरे रोज़मर्रा जीवन में, अपने पड़ोस में
अपने मित्रों में
आसपास की तुम्हारी प्रकृति जिसे तुम कहते हो
चेतन करते हो
मानो कृष्ण वह चेतन है क्रियाशील है
और मुझे हम सबको करती है चेतनशील

अमरत्व का एहसास देती हुई
यक़ीनन तुम्हारे इस वृक्ष का कोई प्रारम्भ नहीं
ना ही कोई अंत
मेरे अंदर के वृक्ष का बीज कब फूटा था
मैं आज भी उसकी खोज में डूबा हूँ।[1]
तुम कहते हो नीतिवान पुरुष
दंभ, भ्रम, भौतिक वासना से मुक्त
द्वंदों से मुक्त
तुममें सम्पूर्ण समपर्ण करने वाले
तुम्हारे शाश्वत क्षेत्र में प्रवेश पाएँगे
सच है कृष्ण मुझे तुम्हारे एकरसी एकरंगी शाश्वत क्षेत्र का कोई मोह नहीं
मोह है तुम्हारी सम्मोहक माया के व्याप का
जहाँ ना कोई पुण्य है ना पाप[2]।
कृष्ण महामाया के बिना तुम अधूरे हो
उसके संग ही हो तुम पुरुषोत्तम"।

1. भ.गीता १५.२,३,४ 2. भ.गीता १५.५.

दैवासुरसंपद्विभागयोग

गावाल्गण संजय
तुम्हें याद होगी
पार्थ के पूर्वजों की उत्पत्ति की कहानी
शासक वेण की निरंकुशता के अंत के लिए
राजा वेण के अंत के लिए
वेदपाठी ब्राह्मण ऋषियों ने शस्त्र उठाये और
राज्य के उत्तराधिकारी के लिए उसकी मृत जाँघों का मंथन किया
बड़े-बड़े मूसलों के साथ
वही मूसल संभवतय: कौरवों के जन्म के लिए
यदुकुल के विनाश के लिए
इस्तेमाल किये गए थे
बाएँ जाँघ से निकले परम यशस्वी गौर अजानुबाहू पृथु
और दाहिनी जाँघ से नाटे काले कुरूप चपटे नाक वाले निषाद
जिसे ब्राह्मण ऋषियों ने पशुसंग वन-वन में भटकने के लिए छोड़ दिया
याद करो गावाल्गण संजय
सत्यवती की शर्त शांतनु से
आर्य गंगा का नहीं बल्कि निषाद का होगा
उसी का बेटा राज्य का उत्तराधिकारी होगा।
सत्यवती के ऋषि निषाद पुत्र काले कुरूप कृष्ण द्वैपायन
नियोगित आर्यव्रत के
अशक्त
रोगी
उत्तराधिकरी।

याद करो गावाल्गण संजय
सत्यवती केवल परम्परा का ही पालन कर रही थी
अपने ही कुल में असुर देवयानी अपने पुत्रों के लिए शासकीय अधिकार माँग रही थी
बूढ़े ययाति से।
इतिहास के काले पन्नों में अभी पूरी तरह खुले ना थे।
देवासुर संग्राम आज भी जारी है
कृष्ण चाहे स्वयम् को असुर का राजा प्रहलाद माने।
संजय तुम्हारे आराध्य कृष्ण का क्रोध मारक था
अपने क्रोध में अपने बुआ के बेटे शिशुपाल का वध किया
अपमान के लिए हिंसा केवल कृष्ण की लीला हो सकती है ?
झूठ हो सकती है ?
आकाशविहारी गन्धर्व गायन के पान की पीक कृष्ण पर गिरी
और कृष्ण आग बबूला हो गए
गए बेचारे गायन अर्जुन के सरंक्षण
और वही कृष्ण सरंक्षण के लिए बलि को मारने वाले
हो गए अर्जुन से युद्ध के लिए तत्पर
कृष्ण तुम्हारा क्रोध हमने कर्ण की हत्या हेतु कुरुक्षेत्र में रथ का पहिया उठाते देखा है बिना कारण बर्बरीक की हत्या की, सुधन्वा के मृत्यु का कारण बने
जब तुम्हारे सभी शस्त्र ना उठाने के प्रण बिसरा दिए गए थे
क्रोध में अपने ही पुत्र साम्बा को श्राप देकर तुमने समस्त कुलविनाश किया।

तुम्हारे ही पूर्व अवतार का क्रोध संहारक था
इक्कीस बार धरती से क्षत्रियों का नाश करने वाले परशुराम
तुम्हीं थे जिसके कारण क्षात्राणियाँ नगर चौराहों पर
सारदायिनी की तरह गर्भदान की भीख माँगती थीं
और अँधे ऋषि दीर्घात्मा अपनी पत्नी को उनके पास स्वयम्
पहुँचाने के लिए आज्ञा देते
और कई ऋषियों को प्रजनक साण्ड की आजीविका मिली।
कृष्ण का पार्थ-मोह था
अर्जुन की आत्मघात से बचाने
जयद्रथ के वध के प्रण की पूर्णता के लिए
कृष्ण ने अपना सुदर्शन कालचक्र को सूर्य का ढक्कन बना दिया
अर्जुनोवाच
"सखा कृष्ण तुम, मुझे द्विआँगी के संसारी पंकल में
और धकेल रहे हो
वृति प्रकृतिक है, असुरी और दैवीय नहीं
कोई सत्य हमारे तुम्हारे जीवन की तरह शाश्वत नहीं है
योद्धा कुरुक्षेत्र जीत जाये तो वह देव
हारे तो वह हैं उसके जन्मजात पाप, पिछले जन्मों के श्राप
क्षमा, धैर्य, अहिंसा
सैंकड़ों शताब्दियों की मानव समाज सभ्यता की
संवर्धन की संघर्ष की उपलब्धियाँ हैं
एक ही पीढ़ी के इस कुरुक्षेत्र के संहारक यज्ञ में
स्वाहा कर रहे हो
मानवजाति के, मानव समाज के उत्तरजीविता
के लिए आवश्यक है प्यार

जिस्मानी और मनमानी।
माना दंभ क्रोध अहम् आसुरी[1] हैं
क्रोध से कृष्ण तुम भी ना क़ाबू पा सके
सामान्य धरतीवासी व्यक्ति की बिसात कहाँ
क्रोध उर्जा है
यह भीम का क्रोध था
और भीम का द्रौपदी के प्रति नैसर्गिक मोह
और स्वयम् पर विश्वास (जिसे तुम अहम् अथवा दंभ कह सकते हो)
जिसने पान्चाली के प्रतिशोध की ज्वाला को जीवित रखा
और आज कृष्ण तुम मुझे इस युद्ध में विजयी होने का विश्वास दिला रहे हो।
भीम की आसुरी प्रवृति ही उसे भीम बनाती है
झटके से दुशासन की बाहें तोड़ना और राक्षसी अट्टहास करते
गन्ने की तरह चूसना
यह वही भीम है जिसने हिडिम्बा से प्यार के लिए
उसके भाई हिडिम्ब को मारा डाला
और जंगल में सम्भोग करते अनजाने कितने पेड़ चरमरा कर गिरे
कितनी गजकाय कुशा रुन्धती रही
कितने प्राणी
उनके जिस्मों की चपेट में निर्दोष प्राण गँवा बैठे।
कृष्ण सच कहूँ मैंने सदैव भीम से ईर्ष्या की है
द्रौपदी को वास्तविक प्यार वह ही दे पाया था
और माँ कुंती का लाड़ला था वह
संकट के समय हमेशा उसे ही बुलाया जाता था

1. भ.गीता १८.४

हस्तिनापुर के राजसिंहासन के लिए अंतिम प्रहार उसका ही था
दुर्योधन की जाँघ पर अनैतिक प्रहार की मंत्रणा तुम्हारी ही थी कृष्ण।
तुम मानते हो कृष्ण
आसुरी प्रकृति वाले मनुष्य जगत में है आश्रयरहित
किसी विधाता बिना करते हैं, रहते हैं त्यक्त अशक्त
सर्वथा असत्य
(तुम भी तो कृष्ण इसे मिथ्या कहते हो
सच कहो कृष्ण तुम असत्य मिथ्या संसार रच सकते हो!)
अपने-आप केवल स्त्री-पुरुष के संयोग को सम्भोगों को उत्पत्ति[2]
बिन प्रयोजन है इससे मुक्ति।
"त्रिविधम् नरकस्येदम् द्वारम् नाशनमात्मनः।
कामः क्रोधस्तथा लोभस्.."[3]
एक और द्विआँगी स्वर्ग और नरक का कीचड़
मुक्ति के पथ की बाधा है
काम नियम है, यम है संसार का क्रम है काम
क्रोध प्राकृतिक भाव है
लोभ है व्यक्ति विकास के लिए आवश्यक उद्दीपन।
कृष्ण !
जयद्रथ वध में सुदर्शन चक्र से प्रकृति के कालचक्र में बाधा तुमने स्वयम्
डाली थी
जयद्रथ के पिता तो युद्ध में नहीं थे
तुम्हारे सदैव आधीन
मैंने तपस्यालीन वृधाक्षात्र की हत्या की
यह पाप मेरा है और तुम्हारा भी

2. भ.गीता १६.८ 3. भ.गीता १६.२१

मोहिनी स्वरूप सृष्टि से खिलवाड़ तुमने किये थे
जाति-धर्मानुसार से जुदा होकर
यादव कुल में उत्पन्न
तुम कृष्ण प्रदेश का राजा बनने का स्वप्न देखने लगे
तुम्हारी ईर्ष्या और लालसा
जरासंध वध का कारण बनी शायद
सम्यन्तक मणि के लोभ में तुमने युद्ध और वध किया।
कृष्ण देवासुर की चर्चा है व्यर्थ
तुम ठीक कहते हो स्वयम् को पहचानों
अपने भीतर के सुर-असुर दोनों को
सम्मान करो दोनों का और भरपूर जियो इस संसार को
जो ना असत्य है ना ही सत्य!"

श्रद्धा त्रयविभाग योग

संजय तुमने अँधे सम्राट को सुनाया होगा
युद्ध के सत्तरवें दिन का
दो पाण्डव भाइयों के बीच का मरने-मारने का अति-नाटकीय प्रसंग
तुम्हारे कुरुक्षेत्र के असल युद्ध से अधिक शरीर के रोम-रोम में बैचैनी भरने वाला
धर्मक्षेत्र नरेश, कुरु प्रदेश का भावी सम्राट
पाण्डव ज्येष्ठ श्रेष्ठ
युद्ध में स्थिर रहने वाला
धर्मज्ञ युधिष्ठर
अपने से बड़े भाई सूर्यपुत्र कर्ण के प्रताप से डर
छोटे भाई नकुल सहदेव की सहायता से
कुरुक्षेत्र के मैदान से जान बचा कर आ पहुँचा था अपने शिविर।
था विश्वास भावी सम्राट को
गाण्डीवधारी अर्जुन, कर्ण को अवश्य मार डालेगा
अर्जुन भावी नरेश को युद्ध मैदान में ना पाकर
स्वयम् को संशप्तका से बचाता
परेशान पहुँचता है शिविर
युधिष्ठर की पूर्व धारणा थी
कि अर्जुन उसे कर्ण के मरने का सुखद समाचार देने आया है
शुभ समाचार ना पाकर
युद्ध में जीवन में स्थिर रहने वाला युधिष्ठर
क्रोधवश स्वयम् को खो कर कहता है
अर्जुन को कायर और अर्जुन के गाण्डीव को व्यर्थ

गाण्डीव के लांछन पर अर्जुन अपने क्षात्रधर्म का प्रण पूर्ण हेतु
युधिष्ठर को मारने के लिए तलवार खींच आगे बढ़ता ही है कि
सखा कृष्ण क्षत्रिय तलवार का पथ रोक देते हैं।
तलवार म्यान में डाल
कृष्ण के आदेश पर
अर्जुन अपनी प्रण-पूर्ति युधिष्ठर को गाली देने से पूर्ण करते हैं।
(किसी का अपमान उसकी मृत्य के समान है)
अर्जुन की तलवार
पुन: म्यान से निकलती है
(सभी आश्चर्य में)
बड़े भाई को गाली देने की ग्लानि ग्रसित
अर्जुन आत्मघात करने को है
कृष्ण और युधिष्ठर उसे अपमान करने के अपराध से करते हैं मुक्त
और कुरुक्षेत्र पुन: शस्त्रों के टकराव से गगन में गहराता है।
धर्मराज युधिष्ठर यह कैसा क्षात्रधर्म है जिसकी पताका विश्व में फहराने
के यह भगवद्वचन हैं।
आवेग क्षण के प्रण मूर्खाई है
उसकी बढ़ाई धर्म की दुहाई है
पाण्डव पत्नी इसे ठीक समझी थी
जब धर्मराज तुमने अपनी स्थिरता में
सर्वस्व हार दिया था
वह तुममें क्रोध की ज्वाला जगा रही थी
जिससे तुम यह कुरुक्षेत्र जीत सको

उसे नहीं परवाह
तुम चाहे धर्मराज धर्मक्षेत्र हार जाओ
जो तुम कई बार हार चुके हो।
हारे का हरिनाम ही
हारे को धर्मधाम।
यज्ञसेनी कृष्णा तुमने उलाहनों में स्पष्ट कहा था
क्षत्रिय शब्द की व्युत्पति क्रोध का सूचन है
सच्चा क्षत्रिय क्रोध रहित नहीं होता
क्षत्रियत्व के विपरीत है क्रोध का अभाव[1]
"क्षरते इति क्षत्रम्"
हारे को मम शरणम्
सूतपुत्र तुम्हारे सारथी भगवन ने कहा था
और तुमने एक अँधे सम्राट को सुनाया था।
क्षत्रियों की रजस श्रद्धा जो केवल परस्पर मरना-मारना जानती है
संहारक युद्ध के शमशानी राज्य पर शासन॥
अर्जुनोवाच
"केशव यह विश्व तुम्हारा ही महिमामण्डन है
तुम्हीं की परीक्षक और तुम्हीं निर्णायक।
इसमें जीने का विकल्प बचा है प्रार्थना
संशय को निचोड़ कर प्राप्त श्रद्धा
बड़े भाई ने अपनी धीर गंभीरता में
जंगलों में भटकते
राजसी कुटिलाताओं से और ऋषियों की तपस्याओं के विघ्नों से प्राण बचाते
भाग्य को स्वीकार कर लिया था

1. महाभारत वनपर्व में द्रौपदी

धर्मराज की पदवी प्राप्त राज्य प्रत्याशी युधिष्ठर ने कहा था
स्वतन्त्र नहीं है जीव, बँधा है तुम्हारे मकड़ी के जाले से भी महीन डोरे से
बँधे हुए पक्षी सम
कर्म के बन्धन में बँधा है परतन्त्र[2]।
वह कृष्ण तुम्हारे वश में है उसका वश किसी पर नहीं चलता
नहीं चलता स्वयम् पर भी
फिर भी बड़े भाई
प्रत्येक अवसर पर नीति पर प्रश्न का उत्तर देने को रहते हैं तत्पर
धर्म को नीति से बाँधने
यक्षप्रश्न चरित्र के आदर्श के परीक्षक हैं और
नहुष को दिए उत्तर
केवल वर्णाश्रम के सर्वोच्च स्थान पर स्थित ब्राहमण ही हैं व्याख्यायित
नीति के सरीसृपों के गुंजलों में लिपटे बड़े भाई
नीति के सन्देश में धर्म के नाम पर हम सबका अस्तित्व छीन
अपनी पत्नी के व्यक्तित्व, आत्म गौरव छीन
हम सबको अपनी मल्कियत बना
हमें वस्तु बना
दाँव पर लगा दिया था।
यह सब तुम्हें पता था सर्वज्ञानी केशव
कठपुतला था युधिष्ठर
शस्त्र थामे तुम्हारे सुदर्शन हाथों का।
शस्त्र थामे हाथों के सामने
स्वयम् माथा झुकता है।
तुम श्रद्धा की बात करते हो

2. महाभारत वनपर्व में युधिष्ठर

उनके तीन विविध गुण-प्रकारों में
सात्विक को तुमने विधि-विधानों में बाँध दिया है
कर्तव्य को मर्यादाओं में।
मुझे संशय है केशव मैं निरर्थक कर्मकांड के बिना भी
तुम्हारे कहे अनुसार
किसी परिणाम की अपेक्षा बिना
किसी प्रतिफल पारितोषिक की आकांक्षा बिना
सामान्य भाव से सात्विक यज्ञ कर सकता हूँ[3]
परन्तु कृष्ण मुझे यह भाव रास नहीं
मुझे किसी काम में विश्वास नहीं
जुनून से किये काम में ही जीवन है
यक़ीनन ज़ख़्म देता है जुनून।
मानता हूँ कर्मकांडी आडम्बर से किया
आत्म-प्रचार की मुनादी से किया
राज्य प्राप्ति के लिए यज्ञ सभी राजस है अथवा तामसिक।
इन्द्रप्रस्थ राजसूय में तो तुम आये थे कृष्ण
और अश्वमेध में भी तुम रहोगे।
हमारे सभी यज्ञ राजसूय अश्वमेध
तुम्हारे कारण सभी सात्विक गिने जायेंगे ईश्वरीय होंगे
यह कुरुक्षेत्र भी तो तामसिक यज्ञ है
धर्म का वास्ता देकर तुम चाहे
इसे राजसिक बना डालो और तुम्हारी उपस्थिति से सात्विक।
कृष्ण! मानो किसी भी प्रार्थना का
किसी भी श्रद्धा की कोई क्रम वरीयता, कोई गुण, कोई रंग, कोई प्रकार

3. भ.गीता १७.१,२,३.

नहीं हो सकता
सब है तुम्हीं द्वारा निर्मित और निर्धारित।
श्रद्धा स्वभावज है"।
"*यजन्ते सात्विका देवान्यक्षरक्षांसि राजसा: ।*
प्रेतान्भूतगणामश्चान्ये यजन्ते तामसा जना: ॥"
पुनश्च
"श्रद्धा स्वभावज है
तुम्हारे नीति से बंधे धर्म से उत्पन्न होते हैं आवरण
जाति, कुल, समाज, राष्ट्र के आवरण
आचरण पाबंदियों के लगे विचाराकाश पर पैबंद
श्रद्धा से विघ्न हर लिए जायेंगे
हस्तिनपुर का मार्ग तो खुल जायेगा, कृष्ण
परन्तु मेरा विचाराकाश छोटा हो जायेगा
अस्तित्व के क्षितिज बहुत नज़दीक आ जायेंगे
और मैं उन्हें छूने अब दौडूँगा नहीं"।
"हस्तिनपुर का मार्ग स्वयम् मुझ तक पहुँचेगा"।

मोक्ष सन्यास योग

संजय आज मुझे सीधी कृष्ण से बात करनी है
कृष्ण, अर्जुन सरल था जानते थे भ्रम में डाल सकते थे उसको
मछली की आँख पर टिकी बाण की नोक और सधी प्रत्यंचा पर
वह अपने मन पर मस्तिष्क का साया तक नहीं पड़ने देता
सरल है तुम्हारे मयूर पंख के नीले बिन्दु में लुप्त हो सकता है
सर्वज्ञानी तुम त्रिकालदर्शी पाण्डव सहदेव से पूछ बैठे थे
"महाभारत कैसे रोका जा सकता है"
बिना झपके, बिना राजनायकीय कूटनीति के सहदेव का स्पष्ट उत्तर था
शायद सच भी
सहदेव ने कहा था
'कृष्ण को बाँधकर कारागार में डाल दो
दूसरा दुर्योधन और युधिष्ठर को जंगल में भेज दो
और तीसरा कर्ण को राजपाठ सौंप दो
जयेष्ठतम पाण्डव है वह
न्यायिक अधिकारी है'।
कृष्ण तुम हँसे थे और आश्विनेय सहदेव को चुनौती दे बैठे
कौन बाँध सकता है कृष्ण को
जो स्वयम् सबको बंधन मुक्त करता है
असंभव है बंधन
आश्विनेय ने तुम्हें शिशु बना छोटे पारदर्शी जाल में बाँध दिया था
भूल गए तुम कृष्ण द्वापर के अवतार में
तुम मनुष्य की तरह नश्वर थे मर्यादित थे
सहदेव असत्य नहीं बोलता था

तुम्हीं थे जिसने अर्जुन को मनुष्य के स्थान पर
एक शस्त्र बना दिया था, गाण्डीव से जुड़ी एक देह
गुरू द्रोण ने द्रुपद से प्रतिशोध का यंत्रचलित अस्त्र
कृष्ण तुम तो हारे थे कालयवन से
भागे थे मथुरा से
तुम्हारा द्वारका के साम्राज्य का स्वप्न
कभी पूरा नहीं हो सकता था जब तक
उत्तर भारत के भीष्म सरंक्षित कुरुकुल है
उसका अंत ही तुम्हारा वृष्णिकुल का मार्ग प्रशस्त करेगा
पाण्डवों का संधि प्रस्ताव ले जाते समय भी
तुमने पान्चाली से वादा किया था
यही कि कौरव पाण्डव की बीच वह संधि नहीं होगी
और पान्चाली का प्रतिशोध
इतिहास का लाल पृष्ठ बनेगा।
कुरुक्षेत्र एक काला पृष्ठ
जहाँ धर्म का ध्वज गाजेगा केवल
धर्म कर्म नहीं बनेगा।
पान्चाली के पैशाची अपमान के संकट-काल में सखा कृष्ण
अपने राज्य के सरंक्षण के लिए
तुम शाल्व को युद्ध में पान्चजन्य फुफकार रहे थे
पाण्डव वन प्रयाण पश्चात् अपनी सुविधा से पहुँचे थे
पाण्डवों को युद्ध के लिए उत्तेजित करने
सच कहा था गान्धारी ने

कृष्ण तुम चाहते तो युद्ध रोक सकते थे।
तुम भी अपने बड़े भाई बलराम से सीख सकते थे
महाभारत में भी वह अपने कन्धों पर हल उठाये किसी खेत को हरा कर रहे थे
और तुम कुरुक्षेत्र में मिट्टी को लाल कीचड़ बनाकर बंजर।
सहदेव अपना धर्म जानता था
शकुनि के कहने पर दुर्योधन ने महाभारत युद्ध कौरव विजय का महूर्त निकलवाया
काल-बलि का समय निकलवाया
कृष्ण तुमने सूर्य और चन्द्रमा को अमावस्य का तर्पण कर
अपने स्वभावानुसार भ्रम में डाल दिया
सूर्य चन्द्रमा की युति से एक ग्रहण और हो गया
मुहूर्त का समय बदल गया
पाण्डवों की जीत ही तुम्हारा नियोजन था
साम-दंड, भेद शासन के मन्त्र तुम्हारे थे।

शकुनि

गहरी है अति गहरी है प्रतिशोध की ज्वाला
पैठने से भी नहीं दिखती
अपनी बहन गान्धारी की अँधी विवशता पर
कुरु राज्य के कारागार में भूख से दम-ब-दम मरते
अपने पिता भाइयों को रोज़ नित देख
वही पिता भाई जिन्होंने अपने हिस्से के चावल भी
शकुनि को जीवित रखने के लिए दे दिए थे

भूल नहीं सकता शकुनि
मूक पीड़ा गहरे दबाए नित देखता था अँधी बहन को
रोज़ प्रण दृढ़ होता था
उसका कुरुकुल को नष्ट करने का प्रण मन ही मन
जीता था दुर्योधन का विश्वास
चाहते थे कुरुकुल का विनाश
बताई उसे भीम के भोजन में विष मिलाने की युक्ति एक बार नहीं दो बार
पुरोचन को लाक्षागृह बनाने के लिए आज्ञा
द्रौपदी के अंतिम अपमान का पाँसा भी शकुनि ने फेंका था
पाँसा जो उसने अपने भूख से मरते पिता की हड्डियों से बनाया था
पाँसे में पैठी थी एक भूखे अपमानित असहाय व्यक्ति की आह
अपने जीवित पुत्र के कहने पर चलती थी
और विनाश की आँधी फूँकती चली जाती थी।
तुम्हारी तरह कृष्ण जानता था शकुनि
इसका अंत होगा महाभारत में जिसमें समस्त कुरुकुल
हो जायेगा समाप्त
और उसके प्रतिशोध आग की लपट बन
कहीं गहरे से अनायास उभर आएगा
बाड़वानल।

गान्धारी

प्रतिकार था
विद्रोह के स्वर थे

आक्रामक पौरुषीय राजनैतिक व्यवस्था व्यवहार
का प्रतिकार
एक सबल राजा का अंत:पुर के विस्तार का
करता है आर्यव्रत जिसका जयजयकारा।
मूक विद्रोह था
एक नारी का गन्धार की बेटी गान्धारी का
गान्धारी के पिता सुबल
अपने नाम की विडंबना सहते
महाबली ब्रह्मचर्य के तेज के बलि भीष्म से
ना कर सके प्रतिकार
अपनी पुत्री गान्धारी का विवाह
हस्तिनापुर के अँधे राजकुमार से कर लिया स्वीकार
राजा के अयोग्य राजकुमार
गान्धारी ने स्वेच्छा से आँखों पर पट्टी बाँध ली
सत्याग्रह का यह भी एक स्वरूप था।
आखिर नारी-गौरव आहत कहीं हुआ था दूषित
उसकी मूक वाणी मुखर थी
यदि एक अँधा अबल पति उसके योग्य है
तो एक अँधी पत्नी उसके लिए और भी उचित।
विचित्र विडम्बना है
सुखी दाम्पत्य हेतु
गृहदोष निवारण हेतु
विवाहोपरांत पति की मृत्यु के ग्रह मण्डल के अपशुकन से बचने के लिए
गान्धारी का विवाह एक बकरे से कर दिया गया था
बकरा सच में बलि का बकरा था

धृतराष्ट्र को शतायु बना गया।
यह जान
विवाह अवसर पर विधवा थी गान्धारी
सुबल को उसके सारे परिवार को एक मुट्ठी चावल पर जीने के लिये भूख से मरने के लिये डाल दिया गया था कारागार में मृत्युपर्यंत
पारिभाषिक विधवा को भी अधिकार नहीं सगा-सम्बन्धी सम्बन्ध
भाव के अनुबंध
पुरुष के बिना वह एक सूखी नदी है
गान्धार प्रदेश में सिन्धु नदी बँजर धरती हरी-भरी नहीं होती
भारत के सबल राज्य की सम्राज्ञी
अपने बंदीगृह में भूख से रोज़-ब-रोज़ मरते अपने पिता, अपने भाइयों की धीमी पड़ती आहें मोटी दीवारों के पत्थरों में भी सुन सकती थी
असहायता रोज़-ब रोज़ ख़ामोश रोष में उबल रहा था
गान्धार परिवार ने अपने मुट्ठीभर चावल देकर शकुनि को रखा था जीवित
केवल शकुनि जीवित रहे दुर्योधन के क्षमा करने पर
उसका विश्वास जीतने
जीवित रहे
कुरुकुल से प्रतिशोध लेने
अपनी बहन का अपने परिवार का
मत्स्य न्याय की राजनैतिक व्यवस्था का।
सभी कारागार में साए बन मंडराते रहे
जिसकी छाया राजमहल पर मुर्दनी बन छाई रही
गान्धारी की आँख की पट्टी की तरह।
घिन्नाती थी गन्धारी अँधे बलहीन ढुलमुल के बिस्तर पर
पलते रहे कोख में चौबीस महीनो तक माँस के पिंड

अपने गर्भ को कोसते वज्र सा मूसल से मारते गान्धारी ने जन्म दिया
एक विशाल पिंड को
वृष्णि श्रेष्ठ कृष्ण ! यह वही मूसल था
जो तुम्हारे कुल का भी सम्पूर्ण नाश करने वाला था कौरव कुल की तरह
गान्धारी जानती थी पिंड मृत है।
अमाँगलिक है
दुर्योधन के जन्म पर सबने कहा था
सियारों ने क्रन्दन किया था
वही क्रन्दन कुरुक्षेत्र में गगन भेदता रहा
ज्ञानी भविष्य वेत्ता ब्राह्मणों ने अपने लाल श्वेत तिलक पर गिरे पसीना
पोंछते हुए
कुक्ष-क्षेत्र का धर्मक्षेत्र देखा था और दबी सीत्कारों के कहा था
यह शिशु, वंश का नाश करेगा
इसे त्यागना ही उचित है
तुमने, माता गान्धारी ने अपने मातृत्व को लांछन ना लगने दिया
एक मानव शिशु की रक्षा मानव इतिहास से बड़ी है
बलि कभी भी सांस्कृतिक मूल्य नहीं हो सकती
कुंती का शिशु, सूर्यपुत्र का, त्याग का, अन्याय कुरुक्षेत्र के अधर्म का
पोषक था।
गान्धारीपुत्र दुर्योधन एक योद्धा जिसके लिए
कृष्ण तुम्हारे बड़े भाई बलराम ने कहा था
सौदामणि को माँसलता दी गई है ऐसा शरीर है दुर्योधन का
वज्र से इस्पात रंगी मूसल से गढ़ा था गान्धारी ने उसे।
गान्धारी जानती थी कुरुकुल का विनाश अवश्यम्भावी है फिर भी कृष्ण
वह मानती थी

तुम रोक सकते थे उसे।
कुरुकुल के नाश के लिए आवश्यक नहीं था
बीस अक्षौणियों के निरीह सैनिक मरवाना
सियारों के भयावह आवाज़ों में विधवाओं का क्रन्दन जो
आकाश में चील और कौव्वो के झुण्ड के काले गहराते व्याप में खो जाता है।
कृष्ण तुम्हीं कर्म हो कर्ता भी तुम
तुम्हें श्राप है गान्धारी का कौरव कुल की तरह तुम्हारे कुल का भी सर्वनाश होगा और अवतारी पुरुष तुम कृष्ण एक पशुवत मृत्यु पाओगे।

संजय

संजय कृष्ण वाणी सुनकर तुम तो अभिभूत हो गये थे
अंत में तुम संजय सभा के अंत में धन्यवाद प्रस्ताव पारित कर रहे थे
गुरू व्यास के प्रति दिव्यदृष्टि के लिए
कृष्ण के मोक्षदायिनी विराट स्वरूप दर्शन के लिए
गाण्डीवधारी अर्जुन की योद्धा मर्दानगी छवि के लिये
जो असंख्य मनुष्यों का संहार करेगी
और इस दिव्यदृष्टि से तुम
उस विकृत विद्रूप पाशविक संहार का वर्णन करोगे
तुम पाण्डव योद्धाओं के पराक्रम से उत्तेजित होते रहे
तुम्हारी वाणी में कहीं भी नैतिक अकर्मण्यता नहीं सुनाई दी
कहीं कोई अधर्म के प्रति आक्रोश
और कहीं भी किसी की मृत्यु पर तुम्हारा गला रुन्धाया नहीं था।
अर्जुन संशय बिना संकल्प के साथ कृष्ण का आज्ञांकित थे

अथवा उसके विश्वस्वरूप से सम्मोहित थे
आक्रामक पौरुषीय संस्कृति का वैचारिक भ्रम के मारक नागगुन्जलों में
इतना सब कुछ सुनने के बाद भी अर्जुन
भीष्म, द्रोण और कर्ण को मारने के लिए हिचकिचाता है
तथाकथित धर्मयुद्ध संजय के उद्गार की तरह वैयक्तिक रह जाता है।
कृष्ण! प्रश्न है तुमसे
ज्येष्ठ पाण्डव युधिष्ठर के स्थान पर
तुमने अर्जुन चुना था
संभवतया जानते थे
नीति-पारंगत युधिष्ठर को
विश्वास दिलाना इतना आसान ना होता
शस्त्र विधान क्षेत्र में शास्त्र ज्ञान का चर्चा का स्थान नहीं था।
कुरुक्षेत्र में भीष्म की शास्त्रीय विधि अनुसार अक्षोभ्य एवम् अमेद्य व्यूह रचना
देख पुन: युधिष्ठर हुए थे संदेह और भय ग्रस्त
अर्जुन के समान
विषादग्रस्त युधिष्ठर को कृष्ण ! अर्जुन देता है आश्वासन
देकर देवासुरसंग्राम का उदाहरण
कृष्ण तुम्हारा ही दिया ज्ञान था
अपने बल और पराक्रम से विजय परिणाम की इच्छा रखने वाले शूरवीर
सत्य, सज्जनता, धर्म में आस्था रखने वाले योद्धाओं को हरा नहीं सकते।
कृष्ण ने पितामह ब्रह्मा के शब्द दोहराए हैं[1]
अधर्म, लोभ और मोह त्याग कर अहंकार शून्य पुरूषार्थ से
युद्ध करने वाले विजयी होते है।

1. महाभारत: भीष्म पर्व: २१.१-१७

जहाँ धर्म है वहाँ विजय है।
विजय का पक्ष में धर्म है।
हस्तिनापुर का राजसिंहासन लक्ष्य है इस युद्ध का
युद्धनीति धर्म संभाल लेती है
जिसके लिए युधिष्ठर का रथ आकाश से गिर
धरती ओर दो अंगुल उतर आएगा
विजय अधर्म को भी धर्म का लिबास पहना देता है।

कर्ण स्वप्न

सभी सब ही कहते हैं
कृष्ण तुम स्वयम् भी कहते हो
धर्म के हवाले से
जहाँ तुम हो वहीं विजय है।
सिर झुकाए पायताने पर बैठा तुम्हारा मुरीद अर्जुन विजयी होगा
और सिर पर चढ़ा दुर्योधन भग्न जाँघों के बल गिरेगा।
कृष्ण कर्ण ने तो तुम्हें अपना स्वप्न सुना दिया था
पाण्डव विजय का निश्चित भविष्य सुना दिया था
स्वप्न के अन्तिम भाग में युधिष्ठिर
श्वेत अलंकारों सुसज्जित अपने चारों भाइयों सहित
एक हज़ार खंभों वाले महल में श्वेत मोतियों वाले छत्र सिंहासनों की ओर
बढ़ रहे हैं।
परन्तु अच्युत! तुम्हारी पृथ्वी रक्त से मलिन और आँत से लिपटी है।
कर्ण ने देखा अमित तेजस्वी युधिष्ठिर सफ़ेद हड्डियों के ढेर पर आरूढ़
सोने के पात्र में घृत मिश्रित खीर को बड़े चाव के साथ खा रहे हैं मानो

इस पृथ्वी को अपना ग्रास बनाये जा रहे हैं।
भयंकर कर्म करने वाले बलश्रेष्ठा भीमसेन भी हाथ मे गदा लिये ऊँचे पर्वत पर आरूढ़ हो
इस पृथ्वी को ग्रसते हुए से स्वप्न में दिखायी दिये हैं।
अत: स्पष्ट है महायुद्ध में हम सब लोगों का संहार कर डालेंगे।
कर्ण जानता है कृष्ण ! मुझे यह भी विदित है कि
जहाँ तुम्हारी व्याख्यायित धर्म है उसी पक्ष की विजय होती है।
जिस विजय में वसुंधरा मानव के भक्षण का ग्रास बनती है।

अर्जनोवाच

"सखा कृष्ण मैं तो युद्ध में मरने-मारने के स्थान पर
सन्यास लेना उचित मानता था
तुमने सन्यास और त्याग का अंतर में पुन:
कुरुक्षेत्र में सैनिकों, अश्वों, हस्तियों के पैरों से खदेड़ी
धरती को धूल के अम्बार बनाते अपारदर्शक धुम्मस में प्रकट किया है
केश-निसूदन मेरे संशयों का निकंदन करने वाले
नहीं समझता मैं
कामना प्रेरित कर्म-त्याग संन्यास की संज्ञा है
परन्तु प्रत्येक कर्म कारण अनुबंधित है
इस कारण सम्वेदित है।
तुम्हारी बात मानता हूँ
संसार नित्य नहीं है, मनुष्य अमर नहीं, शरीर और आत्मा भिन्न है
परन्तु कैसे मान लूँ
सहज स्वाभाविक जन्मजात गुण आधारित चातुर्वर्ण भगवान निर्धारित हैं।

तुमने स्वयम् चातुर्वर्ण का नियमानुसरण कर्मकांडी के
प्रति विपरीत-प्रचार का निषेध किया है
कहीं अज्ञानी के मन में संदेह ना पनपे
भक्ति में, एक छत्र श्रद्धा में विक्षेप समाज में स्थायित्व का संकट है[2]
यही उचित है
यही सभी अपनी-अपनी जाति के सामाजिक हदबंदी में रहे[3]
सीमाबद्ध है मोक्ष
कोख के जन्म संग"।
"ब्राह्मणक्षत्रियविशाम् शूद्राणाम् च परन्तप।
कर्माणि प्रविभक्तानि स्वभावप्रभवैर्गुणै:"[4] ॥
"मुझे डर है कृष्ण ! तुम एक
साम्प्रदायिक धर्म के किन्हीं हठधर्मिता को दार्शनिक धरातल प्रदान कर रहे हो
प्रत्येक प्रकार की हठधर्मिता आत्म-घाती है
मनुष्य की अस्मिता को हीन करती है
अस्तित्व पर प्रश्नचिन्ह लगा कर
शस्त्र औचित्य को कर्म और ज्ञान को शास्त्र अनुमोदित धार्मिक अनुष्ठान बना कर।
विकृत तर्क है तुम्हारा
अहंकार रहित व्यक्ति किसी का वध नहीं करता[5]
योद्धा महारथी भी मनुष्य है
बहता लाल ख़ून रातों के भयावह सपनों के सर्द स्वेदकण में झिंझोड़ेगा
शरीर, कर्मकर्ता, इन्द्रियाँ, विविध प्रयास एवम् दैवी अनुग्रह पाँचों कर्म सहायक हैं

2. भ.गीता ११.२६ 3. भ.गीता ३.२६,३.३६ 4. भ.गीता १८.१७. 5. भ.गीता १८. ४१ 6. भ. गीता १८.१४.

परन्तु कायिक, वाचिक, मानसिक कर्म व्यक्ति के अहंकार प्रेरित नहीं
आत्म-कर्ता ही वास्तविक कर्ता है"।
"*अधिष्ठानम् तथा कर्ता करणम् च पृथग्विधम्।*
विविधाश्च पृथक्चेष्टा दैवम् चैवात्र पञ्चमम्"[6]।
"शरीर से भिन्न इस आत्मा पर सब कुछ छोड़ कर
मैं ख़ून से सने इन हाथों का, अपराध भाव से मलिन इस शरीर की शुद्धि
के लिए भागीरथी का अवतरण पर्याप्त ना हो"।
"कृष्ण ! मैं जानता हूँ प्रवृत्ति और निवृत्ति की तुम्हारी परिभाषाएँ"
"*जानामि धर्मम् न च मे प्रवृत्ति-*
र्जानामि पापम् न च मे निवृत्तिः।
केनापि देवेन हृदि स्थितेन
यथा नियुक्तोऽस्मि तथा करोमि"[7] ॥
"दुर्योधन ने भी कहा था ज्ञान और कर्म के बीच एक खाई है
कृष्ण मुझे औचित्य की पहचान है, परन्तु अनुचित से बचूँ कैसे
मेरे अन्दर घर कर गई उसी रहस्यमय शक्ति से बाधित मैं भी खिंचा चला
जाता हूँ[8]
मैं अपनी विवशता यही है
पूछता है तुमसे
अनेक बार अनिच्छा से व्यक्ति किसी अदृश्य शक्ति से पापकर्म करता
है[9]।
कृष्ण !
तुमने ज्ञान की मदहोशी को भी नकारा है
कर्म के बंधन को नकारा है
सभी भौतिकी को मिथ्या कहा है

7. भ.गीता १८.५७ 8. पाण्डव गीता श्लोक ५६ 9. भ.गीता ३.३६

सभी जीव उनकी जाति, वर्ग, पंथ, सम्प्रदाय, राष्ट्रीयता
विविध अनेक भेद से जाने जाते हैं यही है उनकी पहचान
सभी मिथ्या है, सत्य है तो इनमें बसी कोई अदृश्य शक्ति
किसका स्वत्व तुम्हारा है
स्वीकार्य है तुम्हारा यह स्वत्व
परन्तु मैं इस मिथ्या वैविध्य के इन्द्रधनुष की मदहोशी में जीना चाहता हूँ
यही वैविध्य ही पहचान है, अस्मिता है, अस्तित्व है
मैं कृष्ण तुम्हारे मयूरपंख के रंगो से अभिभूत रहना चाहता हूँ
नहीं चाहिए तुम्हारा इस्पातरंगी
घातक सुदर्शन चक्र।
स्वभाव जनित जाति पोषण जनित
अर्जित ज्ञान जनित
मैं इस युद्ध-कर्म में हूँ बाधित
तुमने मुझे मेरे उत्तरदायित्व से मुक्त किया है अच्युत !
जिसका अंत केवल अंत है।"

महात्म्य

आभारी हैं सभी कृष्ण अच्युत
तुम्हारी आध्यत्मिक व्याख्यायित विधि से
श्रवण मात्र से मोक्षदायिनी है वह
मैं तो घुटनों के बल कुरुक्षेत्र के धर्मक्षेत्र में बैठ
सुन रहा था देख रहा था सम्मोहित
और चाहता था युगों तक
यूँही बैठा रहूँ कुरुक्षेत्र धर्मक्षेत्र में

लड़ने शस्त्र उठाने से हो जाऊँ मुक्त"।
तुम्हीं कहते हो
"सर्वधर्मान्परित्यज्य मामेकम् शरणम् व्रज।
अहम् त्वा सर्वपापेभ्यो मोक्षयिष्यामि मा शुचः॥"
"बस मैं घुटनों के बल चातक दृष्टि से तुम्हें देख रहा हूँ
ओतप्रोत भक्ति, स्वामी के दासत्व की धन्यता, प्रश्न की चुभन से
मुक्ति की प्रसन्नता के इस क्षेत्र में देश में
मैं भारत मानता हूँ
घुटनों के बल जीना ही सफल नियति है।
कृष्ण मैं मानता हूँ
तुमने मुझे *"परमम् गुह्यम्"* ज्ञान पाने का पात्र माना
संजय को भी सम्पार्श्व लाभ प्राप्त हुआ
कृष्ण अंतिम प्रश्न है मेरा यह ज्ञान अथवा कोई भी ज्ञान
गोपनीय क्यों ?
ज्ञान पर आवरण डालना
सांस्कृतिक अभिश्राप है
ज्ञान गोपनीयता सदियों तक
सामाजिक और सांस्कृतिक नैतिकता का धृतराष्ट्रीय अँधेरा था
तेजस्वी गान्धारी की स्वैच्छिक आँखों पर बँधी पट्टी
विश्वेश्वर ! तुम्हें केवल मारक श्राप दे सकती है
किसी को जीवन नहीं।
भारत मैं ! इसी ज्ञान की अविरल परम्परा से कर दिया गया था
निष्कासित
अन्य का दासत्व था मुझे सहज स्वीकृत।
ज्ञान कभी वैयक्तिक नहीं सदैव सार्वजानिक है"

इति ते ज्ञानमाख्यातम् गुह्याद्गुह्यतरम् मया"[1] ।
इसी गोपनीय गीता ज्ञान को तुमने सार्वजानिक कर कृष्ण
तुमने मुझे, हम सबको धन्य किया है
धन्य हूँ इसलिए प्रश्न करता हूँ
अपने सभी कर्म तुम पर ना छोड़ कर स्वयम्कर्ता बन कर
स्वयम् तक पहुँचने में ही
मैं हूँ मुक्त।

1. भ.गीता १८.६३

www.ingramcontent.com/pod-product-compliance
Lightning Source LLC
LaVergne TN
LVHW040813051026
849519LV00007BA/2619
* 9 7 8 9 3 8 6 6 1 9 6 4 8 *